Am Schlusse dieses Bandes befindet sich ein „Nachweis wichtiger Gesetzesausgaben“ in dem die meisten Bände der jetzt über 240 Nummern umfassenden

Guttentagschen Sammlung Deutscher Reichs- und Preußischer Gesetze

sowie größere und kleinere Kommentare, Lehrbücher, Sammelwerke, Entscheidungssammlungen und Zeitschriften verzeichnet sind.

Guttentagsche Sammlung
Nr. 37a Deutscher Reichsgesetze Nr. 37a
Kommentare und erläuterte Textausgaben

Zugaben-Verordnung

(Erster Teil der Verordnung
des Reichspräsidenten zum Schutze der Wirtschaft
vom 9. März 1932)

Erläutert von

Dr. Alexander Elster
Berlin

Berlin und Leipzig 1932

Walter de Gruyter & Co.

vormals G. J. Göschen'sche Verlagshandlung — J. Guttentag, Verlagsbuchhandlung — Georg Reimer — Karl J. Trübner — Veit & Comp.

Archiv-Nr. 21 1 217

Vorwort.

Nach langem Hin und Wider im Meinungsstreit über die Schädlichkeit von Zugaben und über Auswüchse des Zugabewesens hat die Regierung im Wege der Notverordnung auf Grund des Art. 48 RVerf. eine Verordnung über das Zugeben erlassen — kein völliges Verbot. Wäre es dieses, so wäre eine Kommentierung des Gesetzes einfach und vielleicht überflüssig. Aber das Verbot ist so sehr mit — notwendigen — Ausnahmen durchsetzt, daß die Kenntnis des Verbotenen und Erlaubten für den Juristen sowohl wie für den Kaufmann nicht leicht ist.

Der vorliegende Kommentar versucht kritisch, die Grenzen und Unterscheidungen klarzulegen, um in der Praxis ein brauchbares Hilfsmittel zu sein.

A. E.

Inhaltsübersicht.

Einleitung.

Unter den Reformwünschen, die im Laufe der Zeit für das Gesetz zur Bekämpfung des unlauteren Wettbewerbs geäußert worden sind, nimmt — neben demjenigen um schärfere Bekämpfung der Industriespionage und klarere Regelung des Ausverkaufswesens — der Wunsch, das Zugabewesen in weitem Maße eingeschränkt zu sehen, eine besondere Stellung ein. Es handelt sich dabei um eine wirtschaftspolitische Bestrebung, die zwar in engem Zusammenhang mit dem Wettbewerbsrecht steht, die aber von der Frage, wieweit es sich da im Einzelfall oder allgemein um „unlauteres" Geschäftsgebaren handelt, doch mehr oder weniger abzusehen wünscht. Die geforderte Reform stützt sich aber gleichwohl auf die Behauptung, daß die Rechtsprechung hier versagt habe und deshalb eine neue gesetzliche Regelung notwendig sei. Zu dieser Frage wird bei den Erläuterungen der neuen Verordnung eingehend Stellung zu nehmen sein; hier gilt es, ganz kurz mitzuteilen, wie es zu der vorliegenden Verordnung gekommen ist.

Dem Reichstag sind schon in der vorigen Sitzungsperiode, und zwar Ende 1928 und Anfang 1929, Initiativanträge zugegangen, von denen der eine lautete:

„die Reichsregierung zu ersuchen, baldigst den Entwurf eines Gesetzes, betreffend das Zugabewesen, vorzulegen, wodurch die Vorschriften des Gesetzes gegen den unlauteren Wettbewerb vom 7. Juni 1909 dahin ergänzt werden, daß auf Unterlassung und Schadenersatz in Anspruch genommen werden kann und mit den im § 7 vorgesehenen Strafen bestraft wird, wer im geschäftlichen Verkehr zu Zwecken des Wettbewerbs Zugaben gewährt oder verspricht. Als Zugaben im Sinne des Gesetzes sollen gelten:

1. jede zur Verkaufsware unmittelbar oder durch Gutscheine zugegebene Ware gleicher oder anderer Warengattung, gleichviel ob die zugegebene Ware in den Preis der Verkaufsware einberechnet oder ob sie als Wertreklame oder Geschenk bezeichnet wird;
2. jede zugegebene Ware oder Leistung, deren Gewährung bedingt wird durch Kauf von Waren zu einem bestimmten Preisbetrag oder in einer bestimmten Menge;
3. jede Abgabe einer Ware, deren Preis unter der Bedingung ermäßigt wird, daß Ware gleicher oder anderer Warengattung zu einem bestimmten Preisbetrage oder in einer bestimmten Menge gekauft wird."

Ein anderer legte einen Gesetzentwurf vor, der wie folgt gefaßt war:

„Artikel I.

Das Reichsgesetz gegen den unlauteren Wettbewerb vom 8. Juni 1909 (RGBl. S. 499) erhält in § 6 in drei neuen Absätzen (Abs. 2 bis 4) nachstehende Ergänzung:

(Abs. 2.) Verboten ist, durch solche Ankündigung von Zugaben in Waren oder durch Angebot von sonstigen Vorteilen irgendwelcher Art, die im ordentlichen Geschäftsverkehr und Warenverkehr nicht ohne Erhöhung des regulären Verkaufspreises gewährt werden können, zum Kauf oder Bezug von Waren anzulocken. Als Zugaben anzusehen sind auch Waren, die zu einem offenbar unter dem verkehrsüblichen Handelswert liegenden Preise angeboten oder zum Verkauf gestellt werden.

(Abs. 3.) Auf ein ihm beim Kauf angebotenes Geschenk kann der Käufer verzichten; er hat dann Anspruch auf den Barwert, der auf der als Geschenk angebotenen Ware deutlich sichtbar vermerkt sein muß.

(Abs. 4.) Als Zugaben gelten nicht Waren oder Gegenstände, die zum Preise der Ware, auf welche sie als Zugabe angeboten oder verabfolgt werden, in keinem Verhältnis stehen und die gleichzeitig durch Wort, Bild, Schrift, Zeichen oder Form, die ohne Veränderung des Charakters des Gegenstandes nicht beseitigt werden können, den offensichtlichen Werbegedanken unverkennbar in Erscheinung treten lassen.

(Abs. 5, bisheriger Abs. 2.) Zuwiderhandlungen gegen die Vorschriften in Abs. 1 bis 4 werden mit Geldstrafe bis zu fünfhundert Reichsmark oder mit Haft bestraft.

Artikel II.

In das Gesetz gegen den unlauteren Wettbewerb werden als § 10 a nachstehende Bestimmungen aufgenommen:

§ 10 a.

Wer bei dem Verkauf von Waren oder anderen gewerblichen Leistungen Anweisungen auf geldliche Leistungen (Rabattmarken usw.) verabfolgt, ist gehalten, auf ihnen den Teilbetrag in Geld abzugeben, der dem Teil der angebotenen oder angewiesenen Nebenleistung entspricht.

Rabatte dürfen nur in Form von Preisnachlässen mittels Anweisung auf geldliche Leistung oder durch sofortigen Preisabschlag beim Abschluß des Kaufgeschäftes gewährt werden.

Jede Anweisung auf geldliche Leistung ist von dem Aussteller oder seinem Beauftragten innerhalb der gesetzlichen Verjährungsfrist der Kaufpreisforderung zu dem vollen angegebenen Einzelbetrag in bar einzulösen.

Zuwiderhandlungen gegen die Vorschriften in Abs. 1 bis 3 werden mit Geldstrafe bis zu fünfhundert Reichsmark oder mit Haft bestraft."

Dieser unbedingte Versuch des Verbots von Zugaben hat nicht die Billigung der maßgebenden Beurteiler gefunden. Denn nach dem Wortlaut dieser Eingaben und Entwürfe wäre jede Kombinierung einer Preisbemessung mit der Abnahme von gewissen Mengen unzulässig.

Die Initiativanträge in der neuen Sitzungsperiode aus den Jahren 1930 und 1931 modifizierten ihre Forderungen. Zwei der wichtigsten dieser Anträge seien hier mitgeteilt.

Der eine (Drucks. Nr. 590) hat maßgebenden Einfluß auf die endgültige Gestaltung der Vo. gewonnen, da er lautete:

§ 1.

Es ist verboten, im Einzelhandel neben einer Ware oder einer Leistung eine Zugabe (Ware oder Leistung) anzubieten, anzukündigen oder zu gewähren. Eine Zugabe liegt auch dann vor, wenn die Zuwendung nur gegen ein geringfügiges, offenbar bloß zum Schein verlangtes Entgelt gewährt wird.

Als Zugabe im Sinne des Abs. 1 gilt nicht,

a) wenn lediglich Reklamegegenstände von geringem Wert, die als solche durch eine dauerhafte und deutlich sichtbare Bezeichnung der reklametreibenden Firma gekennzeichnet sind, oder fast wertlose Kleinigkeiten gewährt werden;

b) wenn die Zugabe in einem bestimmten oder auf bestimmte Art zu berechnenden Geldbetrag besteht;

c) wenn die Zugabe in einer bestimmten oder auf bestimmte Art zu berechnenden Menge gleicher Ware besteht;

d) wenn die Zugabe nur in handelsüblichem Zubehör (Verpackung und Ähnlichem) zur Ware oder in handelsüblichen Nebenleistungen (kostenlose Zustellung oder dergl.) besteht.

Bei dem Angebot, der Ankündigung und der Gewährung einer Zugabe nach Abs. 2 ist es verboten, die Zuwendung als unentgeltlich gewährt (Gratiszugabe, Geschenk und dergl.) zu bezeichnen oder sonstwie den Eindruck der Unentgeltlichkeit zu erwecken. Ferner ist es verboten, in den Fällen des Abs. 2 die Zugabe von dem Ergebnis einer Verlosung oder einem anderen Zufall abhängig zu machen.

§ 2.

Wer den Vorschriften des § 1 zuwiderhandelt, kann von jedem, der Waren oder Leistungen gleicher oder verwandter Art wie die Haupt- oder Zugabeware (oder Leistung) herstellt oder in den geschäftlichen Verkehr bringt, oder von Verbänden zur Förderung gewerblicher Interessen, soweit sie als solche in bürgerlichen Rechtsstreitigkeiten klagen können, auf Unterlassung in Anspruch genommen werden. Sind solche Zuwiderhandlungen im Geschäftsbetrieb von einem Angestellten oder Beauftragten vorgenommen worden, so ist der Unterlassungsanspruch auch gegen den Inhaber des Betriebs begründet.

§ 3.

Wer vorsätzlich den Vorschriften des § 1 zuwiderhandelt, wird mit Geldstrafe bestraft.

Die Strafverfolgung tritt nur auf Antrag ein. Das Recht, den Strafantrag zu stellen, hat jeder der im § 2 Abs. 1 bezeichneten Gewerbetreibenden und Verbände.

Wird auf Strafe erkannt, so kann angeordnet werden, daß die Verurteilung auf Kosten des Schuldigen öffentlich bekanntzumachen ist.

Dieses Gesetz tritt am 1. Oktober 1931 in Kraft. Die bis dahin ausgegebenen Gutscheine, die zu einer Zugabe berechtigen, sind jedoch auch weiterhin einzulösen. Die zur Zeit des Inkrafttretens bereits eingeleiteten Zugabegeschäfte (Ausgabe eines Teiles der zur Erlangung der Zugabe erforderlichen Zahl von Gutscheinen) sind zu Ende zu führen.

Der andere Antrag (Drucks. Nr. 846) ist auch sehr beachtet worden:

Das Reichsgesetz gegen den unlauteren Wettbewerb vom 7. Juni 1909 wird wie folgt geändert:

§ 6 werden folgende neue Absätze 2 und 3 angefügt:

(Abs. 2.) Verboten ist im geschäftlichen Verkehr das Versprechen oder Gewähren von Nebenleistungen seitens des Verkäufers unter der Bezeichnung „Gratis-Zugabe". Als Nebenleistungen im Sinne dieses Gesetzes gelten Zugaben von Waren oder Leistungen mit eigenem Gebrauchs- oder Verbrauchswert beim Verkauf von Waren anderer Art.

(Abs. 3.) Soweit Zugaben im Sinne des Abs. 2 gewährt werden, ist der Verkäufer verpflichtet, den Wert der Zugabe auf Wunsch des Käufers in bar zu erstatten. Bedingungen und Wert der Zugaben sind dem Käufer öffentlich kenntlich zu machen.

Der dem Reichsrat am 4. November 1931 vorgelegte Entwurf (Reichsrat-Drucks. Nr. 128 [1931]) sah denn auch — trotz grundsätzlichen Verbots der Zugabe — ganz wesentliche Ausnahmen vor.

Der Vorläufige Reichswirtschaftsrat, der die Frage des gesetzlichen Zugabeverbots eingehend geprüft hat, hat sich in seinem Gutachten auf den Standpunkt gestellt, daß ein radikales Verbot des Zugabegewährens nicht in Frage kommen könne, schon weil man von dem Grunde eines solchen Verbots, nämlich dem Vorliegen einer unlauteren Handlung, nicht absehen könne. Daß die Begründung des Entwurfs späterhin an dieser Ansicht nicht festgehalten hat, zeigen die betreffenden Ausführungen unten S. 25. Die Verordnung legt, wie Tschierschky (Wirtschaftsdienst Heft 3 vom 22. Januar 1922) zutreffend betont, „ein grundsätzliches Verbot zugrunde, obwohl das eingeholte Gutachten des Reichswirtschaftsrats hierfür schlüssiges Material nicht bietet. ... Um ein spezielles legislatives Vorgehen gegen das Zugabewesen, um vor allem die vorgesehene Fassung seines grundsätzlichen Verbotes zu rechtfertigen, müßten mindestens einwandfrei festgestellte Übel dieses Systems, und zwar in quantitativ bedrohlichem Ausmaße, festgestellt sein. Nach dem veröffentlichten Material kann hiervon aber schlechterdings keine Rede sein."

Es ist hier nicht mehr die Aufgabe, die Einzelheiten des Für und Wider, wie es vor der Abfassung der amtlichen Begründung in den Ausschüssen usw. zutage getreten ist, näher zu besprechen. Auf die Auslegung der Verordnung hat das, zumal die Ansichten weit von einer Einheitlichkeit entfernt waren, keinen maßgebenden Einfluß, vielmehr muß der Wortlaut der Verordnung im wesentlichen aus sich heraus verstanden und ausgelegt werden. Das ist ein anerkannter juristischer Grundsatz.

Weiter aber hat ein anderer Gesichtspunkt in dem Werdegang der Verbotsverordnung eine große Rolle gespielt, nämlich der, daß die Rechtsprechung versagt habe, wo es galt, Auswüchse des Zugabewesens zu bekämpfen. Es sei aber nachdrücklich schon hier darauf hingewiesen, daß das Reichsgericht sich bereits in sehr beifallswürdiger Weise mit dem Zugabewesen beschäftigt hat und in dem Urteil in RGSt. 61, 58 Geschäftsleute wegen unlauteren Wettbewerbs nach § 4 UWG. bestraft hat, weil sie Zugaben auf Grund „ersparter Reklamekosten" („Werte statt Worte") angeboten und gewährt, aber den Preis der Ware ein klein wenig erhöht haben. Das Reichsgericht sagte dort u. a.: „Ein Händler, der sich die Reklamekosten spart und statt des hierfür in die Preisbemessung einzusetzenden Betrags, ohne den üblichen Preis zu erhöhen, Gutscheine für

Zugaben aushändigt oder die Hauptware zu einem um den Wert der Zugabe (der Gutscheine) ermäßigten Preise abläßt, erweckt nicht nur den Anschein eines besonders günstigen Angebots, sondern er macht tatsächlich ein solches Angebot. Geht er aber in der Absicht, sich die Zugaben ganz oder zum Teil besonders bezahlen zu lassen, bewußt über den ortsüblichen Preis der Ware gleicher Art und Güte hinaus, so macht er durch den Ausdruck „Zugabe" eine wissentlich unwahre Angabe." Mit dieser Entscheidung, die mit sonstigem Schrifttum zum UWG. dem Inhalte nach übereinstimmt, ist m. E. alles geschehen, was an Schutz gegen unlauteres Zugabewesen die Geschäftswelt und das Publikum erwarten dürfen, und zwar in einer wohldifferenzierten, sachlich und rechtlich zutreffenden und klug abgewogenen Weise. Man hätte es bei dieser vorbildlichen Rechtsprechung, die mit der Wissenschaft in Einklang steht, belassen und nicht die Gesetzgebung bemühen sollen. Denn das wirkliche Zugabe unwesen kann man mit einer klugen und richtigen Auslegung des geltenden Gesetzes verfolgen — und soll dies jeweils versuchen —, aber ein Verbot von Zugaben überhaupt trifft allzuleicht auch Rabatte und andere Maßnahmen, von denen kein Sachkundiger behaupten kann, sie seien eine unlautere Wettbewerbshandlung.

Will man das, dann handelt es sich allerdings nicht mehr um eine juristische Frage auf Grund der anerkannten Gesetzgebung gegen unlauteren Wettbewerb, sondern um eine wirtschaftlich-kommerzielle Frage, die an das Problem der Gewerbefreiheit rührt. Solchen Sinn hat schon z. T. das Gutachten des Arbeitsausschusses des Reichswirtschaftsrates, wenn es folgende Grundlagen enthält:

1. ein Verbot von Ankündigungen, aus denen der Eindruck einer Gratisgewährung von Zugaben entsteht (ein Verbot nach österreichischem Recht);

2. Verpflichtung der zugabegewährenden Firma, den Käufern auf deren Wunsch hin an Stelle der Zugaben den vorher festzusetzenden Barbetrag zu gewähren;
3. Einschreitungen der Justizbehörde in solchen Fällen, in denen Zugaben nur bei besonders großer Häufung von Gutscheinen gewährt werden, insbesondere wenn die Einlösungsfrist kurz bemessen ist.

Auch diese Gedanken sind zum Teil in die Verordnung übergegangen. Das Zugabeverbot sollte anfangs auf den Einzelhandel beschränkt werden. Dies ist im Reichsrat geändert worden. Die Bestimmungen der Verordnung treffen nun den gesamten Handel, sowohl Großhandel wie Kleingewerbe. Im Gegensatz zu dem Gesetz zur Bekämpfung des unlauteren Wettbewerbs ist die neue Verordnung im wesentlichen ein Schutzgesetz für das Publikum und erst in zweiter Linie für den Konkurrenten. Sie ist erlassen als Erster Teil einer Verordnung des Reichspräsidenten zum Schutze der Wirtschaft, die in weiteren Teilen sich mit dem Ausverkaufswesen, dem Schutz von Geschäfts- und Betriebsgeheimnissen, den Einheitspreisgeschäften und Zollfragen beschäftigt, am 9. März 1932. Die im Reichsanzeiger Nr. 61 vom 12. März 1932 abgedruckte amtliche Begründung entspricht in allen wesentlichen Teilen der Begründung, die schon früher dem Gesetzentwurf über das Zugabewesen beigegeben worden war; diese ist in dem folgenden Kommentar eingehend berücksichtigt.

Die Bedeutung der Verordnung ist erheblich, und da sie, wie sie nun endgültig erlassen ist, ein bedingtes Zugabeverbot enthilt, so ist sie die Grundlage für das geschäftliche Verhalten auf weiten Gebieten der Warenlieferung und der gewerblichen Leistung geworden und muß von jedermann, mag er bewußtermaßen „Zugaben" gewähren wollen oder nicht, gekannt werden.

Verordnung des Reichspräsidenten zum Schutze der Wirtschaft.

Vom 9. März 1932 (RGBl. I S. 121 ff.).

Erster Teil: Zugabewesen.

Auf Grund des Artikels 48 Abs. 2 der Reichsverfassung wird verordnet:

§ 1.

Es ist verboten, im geschäftlichen Verkehre neben einer Ware oder einer Leistung eine Zugabe (Ware oder Leistung) anzubieten, anzukündigen oder zu gewähren. Eine Zugabe liegt auch dann vor, wenn die Zuwendung nur gegen ein geringfügiges, offenbar bloß zum Schein verlangtes Entgelt gewährt wird. Das gleiche gilt, wenn zur Verschleierung der Zugabe eine Ware oder Leistung mit einer anderen Ware oder Leistung zu einem Gesamtpreis angeboten, angekündigt oder gewährt wird.

Die Vorschriften im Abs. 1 gelten nicht:

a) wenn lediglich Reklamegegenstände von geringem Werte, die als solche durch eine dauerhafte und deutlich sichtbare Be-

zeichnung der reklametreibenden Firma gekennzeichnet sind, oder geringwertige Kleinigkeiten gewährt werden;

b) wenn die Zugabe in einem bestimmten oder auf bestimmte Art zu berechnenden Geldbetrage besteht;

c) wenn die Zugabe zu Waren in einer bestimmten oder auf bestimmte Art zu berechnenden Menge gleicher Ware besteht;

d) wenn die Zugabe nur in handelsüblichem Zubehör zur Ware oder in handelsüblichen Nebenleistungen besteht;

e) wenn der die Zugabe Gewährende sich erbietet, an Stelle der Zugabe einen festen, von ihm ziffernmäßig zu bezeichnenden Geldbetrag bar auszuzahlen, der nicht geringer als der Einstandspreis der Zugabe sein darf. Bei dem Angebot oder der Ankündigung einer solchen Zugabe ist auf das Recht, an Stelle der Zugabe den Barbetrag zu verlangen, hinzuweisen sowie hinsichtlich jeder Zugabe der für sie zu zahlende Barbetrag anzugeben;

f) wenn die Zugabe in der Erteilung von Auskünften oder Ratschlägen besteht;

g) wenn zugunsten der Bezieher einer Zeitung oder Zeitschrift Versicherungen bei be-

aufsichtigten Versicherungsunternehmungen oder Versicherungsanstalten abgeschlossen werden.

Bei dem Angebot, der Ankündigung und der Gewährung einer der im Abs. 2 zugelassenen Zugaben ist es verboten, die Zuwendung als unentgeltlich gewährt (Gratiszugabe, Geschenk und dergl.) zu bezeichnen oder sonstwie den Eindruck der Unentgeltlichkeit zu erwecken. Ferner ist es verboten, die Zugabe von dem Ergebnis einer Verlosung oder einem anderen Zufall abhängig zu machen.

I. **Wirtschaftliche Begründung des Zugabeverbots.** (§ 1 Abs. 1.)
   1. Zunahme des Zugabeunwesens. Arten der Zugaben.
   2. Gründe für die Berechtigung mancher Zugabegewährung.
   3. Gründe für ein grundsätzliches Zugabeverbot.

II. **Juristische Begründung des Zugabeverbots.** (§ 1 Abs. 1.)
   1. Angebliches Versagen des geltenden Rechts (Gesetz, Rechtsprechung und Wissenschaft).
   2. Kritische Bemerkungen dazu.

III. **Radius des Zugabeverbots.**
   1. Begriff der Zugabe.
   2. Im geschäftlichen Verkehr.
   3. Ware und Leistung.
   4. Verschleierung der Zugabe durch Gesamtpreis.

IV. **Die Ausnahmen: Erlaubte Zugaben.** (§ 1 Abs. 2.)
   1. Geringfügigkeit des Wertes. (Abs. 2, a.)
   2. Rabatte (Geld- und Mengenrabatt). (Abs. 2, b, c.)
   3. Handelsübliches Zubehör und Nebenleistungen. (Abs. 2, d.)
   4. Barbetrag. (Abs. 2, e.)
   5. Auskünfte und Ratschläge. (Abs. 2, f.)
   6. Abonnentenversicherung. (Abs. 2, g.)

V. Form der Ankündigung und Gewährung der Zugabe. (§ 1 Abs. 1 und 3.)

1. Anbieten, Ankündigen und Gewähren.
2. Verbot der Ankündigung „Gratis".
3. Verbot der Ausspielung von Zugaben.

Lit.: Wenzel Goldbaum, Zugabeverbot, Stilkes Rechtsbibliothek Nr. 127, Berlin 1932. — Lobe, Gutachten, MuW. 13, 426 ff. — Elster, Das Zugabeverbotsgesetz im Rahmen der Bekämpfung des unlauteren Wettbewerbs, JurRdsch. 1932, 4. — Elster, Der Gesetzentwurf über das Zugabeverbot, Deutsches HandwBlatt 1932, 66. — Elster, Wieweit sind Zugaben als unlauterer Wettbewerb anzusehen?, Mitt. d. Ind.- und Handelskammer Berlin 1930, 1224. — Utescher und Cl. Clad, Zugabewesen. Zwei Gutachten für den Deutschen Verein zum Schutz des gewerblichen Eigentums. GRUR. 19, 827 und 843; dort weitere Literatur. — Brune, Für Freiheit im Wettbewerb, Die Wertreklame im Wirtschaftsleben, Berlin 1931. — H. Buhl, Die Wertreklame, Stuttgart 1929. — K. Marbe, Psychologie der Wertreklame, Stuttgart 1930. — Tschierschky, Gesetzliche Bekämpfung des Zugabewesens, Wirtschaftsdienst 1932 Heft 3. — H. H. Franke, Die rechtspolitischen Grundlagen der Reform des Wettbewerbsrechts, Berlin 1930. — Fritz Heßler, Zugabe und unlauterer Wettbewerb, Halle 1929. — Friedrich Huth, Gutschein-System und Zugabeunwesen, Berlin o. J. — Ferner die Kommentare zum Gesetz gegen den unlauteren Wettbewerb.

I. Wirtschaftliche Begründung des Zugabeverbots.

1. Zunahme des Zugabeunwesens. Arten der Zugaben. In zahlreichen Beschwerden und Anträgen wird von wirtschaftlichen Interessentenkreisen betont, das „Zugabeunwesen" habe sich seit Beendigung der Inflationszeit so gesteigert, daß die Gesetzgebung dagegen eingreifen müsse. Diese Betonung macht sich auch die amtliche Begründung der Vo. zu eigen, die u. a. sagt: „... Das geschieht in der Hauptsache bei dem Verkauf von Lebens- und Genußmitteln, wie Kaffee,

Kaffee-Ersatzmitteln, Margarine, Zigaretten usw., und bei Haushaltswaren des täglichen Gebrauchs, wie Seife und Waschmitteln, besonders aber bei Markenartikeln jeglicher Art. Regelmäßig werden solche Zugaben in der Form gewährt, daß der Käufer nicht gleichzeitig mit der eigentlichen Ware auch die Zugabe erhält, sondern zunächst nur einen der Ware beigefügten Gutschein und erst später gegen Ablieferung einer bestimmten Anzahl von Gutscheinen die Zugabe. Die Zugabenartikel selbst stammen vorzugsweise aus der Porzellan-, Glas-, Textil-, Leder- und aus der graphischen Industrie."

Es fällt auf, daß hier bereits zwei verschiedene Arten der Zugaben miteinander vermengt werden: a) schlechthin andersartige Waren, die beim Kauf einer Hauptware sofort unentgeltlich mitgereicht werden, z. B. Kalender, Kinderzeitschriften, Luftballons, Weihnachtszugaben aller Art usw., und b) Gutscheine, die erst nach Erreichung eines bestimmten Kaufbetrages α) gegen Waren des betreffenden Geschäftes schlechthin oder β) gegen bestimmte von dem Geschäft bezeichnete Waren eingelöst werden können. Dies geht begrifflich bereits zu dem Rabatt hinüber, der nach Abs. 2c von dem Zugabeverbot — mit Recht — ausgenommen wird. Die Unterscheidung wird bei der Anwendung der Vo. vermutlich erhebliche Schwierigkeiten machen (vgl. unten zu IV 2).

2. Gründe für die Berechtigung mancher Zugabegewährung. Die Begr. referiert über die der Zugabegewährung günstigen Gründe Folgendes:

„Zur Erklärung der an sich eigenartigen Erscheinung, daß dem Käufer zu der Ware, deren Erwerb der Kauf bezweckt, Dinge mitgegeben werden, die dem eigentlichen Kaufgegenstand ganz fremd sind, wird von den Anhängern des Zugabewesens eine Reihe von Gründen angeführt. So namentlich, daß die Zugabe ein besonders zugkräftiges Reklamemittel (sog. „Wertreklame") darstelle und als solches ebenso berechtigt sei wie die Zeitungs- oder jede sonstige Wort- oder Anschauungsreklame; wie diese könne sie lauter oder unlauter sein. Die Zugabengewährung ersetze die Wort- und Anschauungsreklame und sei wirtschaftlich wertvoll, da sie dem kaufenden Publikum an Stelle der sonst für Wort- und Anschauungsreklame aufgewendeten Ausgaben wirkliche Werte als Zugabenartikel gebe. Sie sei für kleinere und mittlere Betriebe das einzige Mittel, sich gegen die Konkurrenz kapitalkräftiger Firmen, die hohe Summen auf die Wort- und Anschauungsreklame verwenden könnten, zu behaupten. Denn die Wertreklame werde nur für wirklich abgesetzte Waren aufgewendet; sie stehe in einem festen Verhältnis zum Absatz, da man nichts für Reklame ausgebe, ohne Ware zu verkaufen. Die Wertreklame habe bedeutenden, für das Zugabewesen arbeitenden Industrien Aufschwung und vermehrten Absatz verschafft."

Diese Gründe sind klar und einleuchtend und an sich kaum zu widerlegen. Daß die Zugabe nicht ohne weiteres unlauter im Sinne des Wettbewerbs und der kaufrechtlichen Anschauungen sei, sondern daß erst die Art und Weise ihrer Ankündigung, Bemessung und Gewährung sie sittenwidrig nach den sonst geltenden Ansichten mache, sagt mit vollem Recht auch das RG. in der grundlegenden Entsch. RGSt. 61, 58 ff. Hier heißt es u. a. mit dem Hinweis auf RTDrucks. 1109 von 1907/09, wo festgestellt worden war, daß „auf Grund der bis dahin vorliegenden Erfahrungen eine sichere Abgrenzung zwischen den einwandfreien und den geschäftlich verwerflichen Formen der Rabattgewährung — hierunter ist das Zugabewesen mitverstanden —, welche die Schaffung eines besonderen gesetzlichen Tatbestandes ermöglichte, sich nicht feststellen lasse": „Damit ist anerkannt, daß das Versprechen und Gewähren von Zugaben im kaufmännischen Geschäftsverkehr nicht ohne weiteres als unlauteres Geschäftsgebaren sich darstellen muß, daß es aber sehr wohl den Tatbestand eines unlauteren Wettbewerbs erfüllen kann. Die Frage, ob dies zutrifft, ist also nicht allgemein, sondern immer nur nach den besonderen Umständen des einzelnen Falles zu beantworten. ... Nun ist das Zugabewesen nur eine Abart der Reklame; es wird daher mit Recht als „Wertreklame" bezeichnet. ... Ausschlaggebend ist, ob der Verkäufer seine Ware mit Zugabe zu einem Preise verkauft, der sich innerhalb der Grenzen hält, in denen Waren gleicher Art und Güte von Geschäften ähnlichen Ranges am gleichen Platz zur selben Zeit verkauft zu werden pflegen. Diese Grenzen werden naturgemäß allgemein durch die Produktions-, Zwischenhandels-, Reklame- und anderen Geschäftsunkosten der im Wettbewerb stehenden Verkäufer mitbestimmt werden. Ein Händler, der sich die Reklamekosten spart und statt des hierfür in die Preisbemessung einzusetzenden Betrags, ohne den üblichen Preis zu erhöhen, Gutscheine für Zugaben aushändigt oder die Hauptware zu einem um den Wert der Zugabe (der Gutscheine) ermäßigten Preis abläßt, erweckt nicht nur den Anschein eines besonders günstigen Angebots, sondern er macht tatsächlich ein solches Angebot. Geht er aber in der Absicht, sich die Zugabe ganz oder zum Teil besonders bezahlen zu lassen, bewußt über den ortsüblichen Preis der Ware gleicher Art und Güte in dem vorher bezeichneten Sinn hinaus, so macht er durch den Ausdruck „Zugabe" oder das Versprechen, „Werte statt Worte" zu liefern, oder gleichbedeutende Anpreisungen die wissentlich unwahre Angabe, er biete dem Publikum außer dem, was die Konkurrenz biete, noch einen Mehrwert für das gleiche Geld, und diese Angabe würde geeignet sein, das Publikum von dem Aufsuchen einer reelleren Kaufgelegenheit abzuhalten, also irrezuführen."

Ob in dem Falle selbst übrigens das verurteilende RG.-Urteil richtiger war als das der Praxis des Lebens hier nähere Schöffengerichtsurteil, bleibe dahingestellt; man könnte hier dem RG. einen von ihm selbst in JW. 1927, 1574 ausgesprochenen Gedanken entgegenhalten, daß es den Vergleich der Qualitäten der Waren nicht genügend berücksichtigt habe im Gegensatz zur alleinigen Berücksichtigung des Warenpreises. Jedenfalls ist generell diese Grenzziehung zwischen lauterer und unlauterer Wettbewerbshandlung im Zugabewesen ausgezeichnet und die bisher beste Lösung inmitten der einander widersprechenden Ansichten, nach denen weite Kreise des Gewerbes Zugaben für fair und unverbietbar, andere — ebenfalls weite — Kreise sie aber für schlechthin sittenwidrig halten. Die neuen gesetzlichen Bestimmungen gehen einen anderen Weg: sie schaffen durch Aufzählung Ausnahmen (Kategorien), was sonst mit dem Grundsatz der Lauterkeit gegen Unlauterkeit beantwortet werden mußte (siehe unten zu II). Rosenthal (Komm., 8. Aufl.) sagt (Note 43 a zu § 1) ganz richtig: „Wenn man durch ein Spezialgesetz jede Wertreklame verbietet, so ist das ein unbilliges Zwangsmittel. Gewiß gibt es auf dem Gebiete der Wertreklame Mißstände, aber auch auf dem Gebiete der Anschauungsreklame; man kann nicht gegen jeden Mißbrauch ein Spezialgesetz machen."

3. Gründe für ein grundsätzliches Zugabeverbot. Die zu 2 genannten Gründe hält die Begr. nicht für durchschlagend, weil überwiegende Bedenken entgegenstünden. Diese kennzeichnet die Begr. u. a. wie folgt:

„Es wird von den Gegnern des Zugabewesens ausgeführt, daß die Wertreklame im Gegensatz zur Wort- und Anschauungsreklame die Aufmerksamkeit des Käufers von der anzukaufenden Hauptware fortziehe und sie auf einen für den Kauf ganz unwesentlichen Nebenvorgang, die Zugabe, lenke. Die Gefahr liege außerordentlich nahe, daß die zum Ankauf reizende Zugabe nur auf Kosten der Qualität der eigentlichen Ware geliefert werden könne und daß der Käufer diese in Wirklichkeit zu teuer bezahle. Mit Vorliebe werde deshalb von dem Zugabesystem bei Waren Gebrauch gemacht, bei denen es viele, nur schwer erkennbare Qualitätsunterschiede gebe, die leicht verschleiert werden könnten, ohne daß der Käufer dessen gewahr werde. Für den Käufer bedeute die Zugabe vielfach eine Verleitung zu unwirtschaftlicher Haushaltsführung. Er werde sich bei der Auswahl der Ware und der Verkaufsstelle häufig durch die in Aussicht gestellte Zugabe bestimmen lassen und nur um die Zugabe zu erlangen, Waren über den Bedarf und ohne Rücksicht auf ihre Beschaffenheit und Preiswürdigkeit anschaffen. Das gelte namentlich für die im Haushalt Angestellten, für die die Zugabe wie eine Bestechung wirke. Wie der Käufer durch das Gutscheinsystem unzweckmäßig an eine Verkaufsstelle gebunden werde, trete dasselbe auch für den Händler gegenüber dem Hersteller und Lieferanten der Ware ein. ... Eine besonders unerwünschte Folge sei es auch, daß die Zugabewaren oft von nicht fachkundigen Persönlichkeiten eingekauft würden und daß dem branchekundigen Einzelhandel der Absatz eines Teils jener Artikel entzogen werde, die als Zugaben in die Hände der Verbraucher gelangten.

Wie das Gutachten des Vorläufigen Reichswirtschaftsrats vom 12. Mai 1930 — Drucksache des Vorläufigen Reichswirtschaftsrats Nr. 367 — ergibt, sind die gegen das Zugabewesen vorgebrachten Bedenken zum großen Teil gerechtfertigt. Dabei stehen zwei Momente im Vordergrund, die ein gesetzgeberisches Vorgehen geboten erscheinen lassen. Einmal trägt das Zugabesystem notwendig die Gefahr einer Übersteigerung in sich, die sich wirtschaftlich auf die Dauer höchst nachteilig auswirken muß. Da die Zugabe eine Reklameart darstellt, die stärker in die Augen springt als die Anschauungsreklame, und gerade auf die breiten und weniger geschäftskundigen Massen Anziehungskraft ausübt, so muß damit gerechnet werden, daß mehr und mehr auch solche Firmen, die bisher von der Zugabereklame keinen Gebrauch gemacht haben, gezwungenermaßen dazu übergehen, um sich der Konkurrenz zu erwehren. Damit wäre die Zuverlässigkeit des Geschäftsverkehrs in hohem Maße in Frage gestellt."

Daß die hier in der Begr. ausgesprochenen Sätze nicht durchaus dem Gutachten des Vorläufigen Reichswirtschaftsrats entsprechen, wurde bereits oben in der Einleitung (S. 13) hervorgehoben. Aber selbst die Richtigkeit dieser wirtschaftlichen Gesichtspunkte vorausgesetzt, bleibt doch die Frage berechtigt, ob die Bekämpfung eines Zugabeunwesens notwendigerweise durch das Mittel eines grundsätzlichen Zugabeverbots mit Durchlöcherung durch zahlreiche Ausnahmen als die richtige Lösung der Schwierigkeiten anzusehen ist. Die Grenzziehung zwischen gutzuheißender Zugabe (insbesondere Rabatt, siehe unten zu IV 2) und Zugabeunwesen ist sehr schwer, muß aber versucht werden, weil man Rabatte nicht verbieten kann.

Es fällt aber insbesondere auf, daß diese wirtschaftsrechtliche Begründung sich fast ausschließlich auf den Kleinhandel, den Einzelhandel, den unmittelbaren Publikumsabsatz bezieht und daß diese Gründe für den Schutz des „fachunkundigen" Einzelkäufers ihre Geltung völlig eingebüßt haben in dem Augenblick, als durch den Reichsrat die Beschränkung der Vo. auf den Einzelhandel aufgegeben und die Ausdehnung auf jeden geschäftlichen Verkehr vorgenommen wurde. Die Systemlosigkeit dieses neuen gesetzlichen Schrittes ist dadurch nur noch gesteigert worden.

Die Zugabeindustrie und manche Kreise des Einzelhandels sind für die Freiheit im Zugabewesen, Warenhäuser und weitere Teile des Einzelhandels sind für schärfere gesetzliche Maßnahmen. Die Gewerkschaften haben sich für die Freiheit im Zugabewesen ausgesprochen. Eine bestimmte wirtschaftliche Abgrenzung wird da schwer erkennbar sein. Die Behauptung der Warenqualitätsverschlechterung durch die Zugabe und der zu starken Bindung an bestimmte Waren und Firmen ist sehr problematisch. Es darf auch nicht übersehen werden, daß, wie die „Forschungsstelle für den Handel" ermittelt hat (vgl. „Konfektionär" vom 19. Juli 1930), der Gesamtumsatz an Waren, die mit Zugaben vertrieben werden, sich auf etwa 800 bis 1000 Millionen Reichsmark beläuft, die jährlichen Wertreklameaufwendungen demnach auf etwa 56 bis 70 Millionen Reichsmark zu werten sind, so daß also ganz erhebliche wirtschaftliche Interessen hier aktiv beteiligt sind. Die wirtschaftlichen Gründe erscheinen also — insbesondere im Zusammenhalt mit den oben zu 2 gegebenen Ausführungen — sehr relativ. (Vgl. namentlich auch Tschierschky und Brune a. a. O.)

II. Juristische Begründung des Zugabeverbots.

1. Angebliches Versagen des geltenden Rechts (Gesetz, Rechtsprechung und Wissenschaft). Die Begr. sagt darüber:

„Das geltende Recht hat sich für die Bekämpfung der mit dem Zugabesystem zusammenhängenden Mißbräuche nicht als ausreichend erwiesen. In dieser Hinsicht ist in dem Gutachten des Reichswirtschaftsrats zutreffend dargelegt, daß die Vorschriften des § 1 des Gesetzes gegen den unlauteren Wettbewerb und die §§ 823, 826 BGB. eine genügend sichere Handhabe nicht bieten.

Die Rechtsprechung hat auf dieser Grundlage darüber, ob und inwieweit die Gewährung von Zugaben gegen die guten Sitten verstößt, ausreichend feste Ergebnisse nicht zu zeitigen vermocht; Rechtssicherheit ist aber sowohl für die Gewerbetreibenden wie für das kaufende Publikum das erste Gebot. Das gilt gleicherweise für die Bewertung der gegen unrichtige und betrügerische Reklame gerichteten Vorschriften der §§ 3 und 4 des Wettbewerbgesetzes, soweit die Bekämpfung unlauterer Zugaben in Frage steht. Mit gutem Grund wird in dem Gutachten des Reichswirtschaftsrats auf die ungemeinen Schwierigkeiten hingewiesen, die sich für die Feststellung des vom Reichsgericht für die Lauterkeit von Zugaben aufgestellten Merkmals („Verkauf der eigentlichen Ware zu einem Preise, der sich innerhalb der Grenzen hält, in denen Waren von gleicher Art und Güte von Geschäften ähnlichen Ranges am gleichen Platz zur selben Zeit verkauft zu werden pflegen") regelmäßig ergeben. Die Preisbemessung ist eine dem einzelnen Gewerbetreibenden zu überlassende Frage der Kalkulation, die sich nach den besonderen Bedingungen, unter denen jeder Geschäftsbetrieb arbeitet, verschieden gestalten wird. Ein Eindringen in alle Einzelheiten der Preisberechnung beim zugabegewährenden Händler und seinen Konkurrenten wird deshalb in den seltensten Fällen durchführbar sein.

Um den geschilderten Mißständen zu begegnen, sind klare Bestimmungen erforderlich, die den Gerichten bestimmte, nachprüfbare Voraussetzungen an die Hand geben. Mit dem Gutachten des Reichswirtschaftsrats wird davon auszugehen sein, daß Voraussetzung für die Zulassung von Zugaben zu sein hat, daß die Konsumenten über den wirklichen Wert der Zugabe nicht im unklaren gehalten werden. Es muß eine feste Berechnung für sie möglich sein, welcher Teil des ihnen abverlangten Preises auf die eigentliche Ware und welcher Teil auf die Nebenleistungen entfällt. Nur dadurch wird die Zugabereklame durchsichtig gemacht und die Gefahr einer Täuschung der Kundschaft beseitigt."

Daß jede Heranziehung des § 1 UWG. und des § 826 BGB. ein Unsicherheitsmoment in sich trägt und daß Rechtssicherheit ein mit heißem Bemühen zu erstrebendes Ziel ist, kann nicht bestritten werden. Es bleibt nur die Frage offen, ob mit den Bestimmungen und insbesondere den Ausnahmen derjenige Stand der Klarheit und Sicherheit erreicht wird, der verdient, an die Stelle einer Heranziehung des § 1 UWG. und § 826 BGB. gesetzt zu werden. Der oftmals zu laut erhobene Schrei nach Rechtssicherheit gleicht einer Phrase, die sich ihres Sinnes und ihrer Tragweite nicht voll bewußt ist. Eine unbedingte Rechtssicherheit kann es nicht geben; Rationalismus, Formalismus und weitgehende Kasuistik in den Gesetzesbestimmungen schaffen keine Rechtssicherheit, sondern täuschen sie nur vor, um sie in schwierigen Fällen erst recht versagen zu lassen. Nur klare Grundsätze können das Maß von Rechtssicherheit geben, das von Vorteil ist, und je besser die Bestimmungen gegen ungehörigen Wettbewerb rechtsethisch fundiert sind, um so stärker ist die Rechtssicherheit (vgl. A. Rosenthal und Elster in Zentrbl. für Handelsrecht 1932 Heft 1 und 4). Daher abwegig Goldbaum, Zugabeverbot S. 15, der in der Heranziehung der §§ 1, 3 und 4 UWG. beim Zugabeverbotsrecht eine Rechtsunsicherheit befürchtet gegenüber der durch § 1 dieser neuen Vo. gegebenen „Rechtssicherheit".

2. Kritische Bemerkungen dazu. Durch die Aufzählung von Kategorien von Ausnahmen, die das grundsätzliche Zugabeverbot durchbrechen, wird an die Stelle der Sonde, ob Unlauterkeit im Wettbewerb vorliege, ein schematischer Maßstab gesetzt, von dem sich erst noch erweisen muß, ob er zu einem richtigen Recht und zur Rechtssicherheit führt. Die Behauptung, daß das geltende Recht, und insbesondere die Rechtsprechung, versagt habe, wird aber nur vom Standpunkt der unbedingten Zugabegegner verstanden werden können, vom Standpunkt der einheitlichen juristischen Bekämpfung des unlauteren Wettbewerbs jedoch nicht. Man darf sagen, daß für die Bekämpfung der Unlauterkeit Wissenschaft und Rechtsprechung, voran das Reichsgericht, in dieser Hinsicht nicht versagt haben, ja daß man eher hie und da eine zu strenge Behandlung des Wettbewerbes gesehen hat als eine zu milde, so daß sich derjenige, der sich über Unlauterkeit des Konkurrenten zu be-

schweren Anlaß hatte, mit einem großen Maß von Wahrscheinlichkeit zu seinem Recht kommt. Vgl. auch unten Anm. 2 zu § 2 (S. 67). Die oben (zu I 2) erwähnte RG.Entsch. ist m. E. nicht so beiseitezuschieben, wie die amtliche Begr. der Vo. es tut, sondern steht mitteninne in den — nun einmal ihrer Natur nach flüssigen — Anschauungen über Sittenwidrigkeit im Wettbewerb. Daß diese keine schematische Beantwortung vertragen, zeigt sich ja u. a. darin, daß die Wirtschaftskreise (siehe oben zu I 2 und 3) eine so verschiedene Stellung zu dem Zugabewesen einnehmen.

Daß neben der reichsgerichtlichen Rechtsprechung auch die Wissenschaft bisher schon brauchbare Grundsätze der Abgrenzung gezeigt hat, geht aus folgenden Zitaten hervor:

Callmann (Komm. Anm. 76 § 1): „Sobald das Publikum den Wareneinkauf als Nebensächlichkeit und die Erlangung der Zugabe oder Prämie als Hauptziel betrachtet, ist diese Art der Reklame, die sog. Wertreklame, unzulässig." Ebenda Anm. 102 zu § 1: „Die Gewährung eines Rabattes, nicht als Lockmittel, sondern z. B. als Vergütung für eine Leistung des Kunden, wie Barzahlung in der üblichen Höhe und für Waren, die in der Regel gegen Kredit gekauft werden, muß als zulässig gelten." Baumbach (Komm. 1. Aufl. S. 205): „Keinesfalls sollte das Zugabewesen gefördert werden, weil es dem Grundsatz „Waren gegen angemessenen Preis" zuwiderläuft und ein fremdes Moment in die Preisbemessung hineinträgt. Dagegen geht es nicht an, Zugaben als „ungewöhnliches Mittel" für sittenwidrig zu erklären, wenn die anderen Kaufleute des Orts „in freiwilliger Selbstbeschränkung" keine solchen geben. Sittenwidrig ist nicht alles, was aus dem Rahmen des Üblichen herausfällt. ... Gegen Rabatte ist vom Standpunkt des Wettbewerbsrechts nichts zu erinnern. Wird aber der Rabatt in den Preis einkalkuliert oder eine schlechtere Ware geliefert, oder werden etwa die Ladenpreise erhöht, damit der Käufer in Form des Rabatts einen Vorteil zu erlangen hofft, so liegt unlauterer Wettbewerb vor." In der zweiten Auflage (S. 177/78) hat Baumbach die Ansichten etwas geändert, er verurteilt die Zugaben stärker, verteidigt die Rabatte wie bisher, sagt aber gesetzespolitisch mit Recht:

„Der Schrei nach dem Gesetzgeber erschallt natürlich auch hier; hoffentlich bleibt er ungehört.“ Rosenthal (Komm. Note 43 a zu § 1): „Die Zugabe (Wertreklame) ist, ebenso wie die sonstige (Anschauungs-) Reklame, der Rabatt oder wie z. B. der Aufwand für die luxuriöse Einrichtung des Geschäftshauses, ein Werbemittel und demgemäß grundsätzlich erlaubt. Rechtswidrigkeit tritt ein, wenn beim Publikum eine unrichtige Auffassung erweckt wird über die allgemeine oder besondere Preiskalkulation des die Zugabe gewährenden Unternehmens, also namentlich über die Preisstellung der Ware oder über den Wert der Zugabe“ (vgl. OLG. Stettin in JW. 1929, 3098). ... „Die Reklamekosten bilden einen Teil der allgemeinen Spesen; der Gewerbetreibende muß sie also in den Warenpreis hineinrechnen.“ ... „Mancher Händler deckt die Kosten, die ihm die Zugabe verursacht, aus den Ersparnissen, die er durch das Entfallen der Wort- und Bildreklame erzielt.“

Die in diesen Sätzen sich kennzeichnenden grundsätzlichen Unterscheidungen führender Kommentatoren verdienen bei der Auslegung des Abs. 2 (Ausnahmen) — siehe unten zu IV — Berücksichtigung. Denn das sind die Ansichten der juristischen Sachkenner, die den Grundgedanken (die ratio) des Gesetzes gegen den unlauteren Wettbewerb kennen und sachkundig herausgearbeitet haben und die gerade deshalb ganz genau wissen, wieviel mit diesem Gesetz — und zwar in richtiger Abgrenzung des Schutzwürdigen von dem Unerlaubten — zu erreichen ist. Diejenigen aber, die über Versagen des geltenden Rechts klagen und immer nach neuen gesetzlichen Bestimmungen rufen, sind meist — so auch im vorliegenden Fall — diejenigen, die weder die Tragweite des geltenden Rechts studiert noch auch sie durch prozessuale Schritte erprobt haben. So sagt mit Recht einer der Autoren, die die neue Vo. begrüßen, also nicht verdächtig sind, ihren Inhalt zu stark zu kritisieren (Dr. Heß im Buchhändler-Börsenblatt 1931 Nr. 265): „Obwohl die Rechtsprechung keine ganz klaren Richtlinien aufweist, wann beim Verkauf preisgebundener Waren das Angebot und die Gewährung von Zugaben unzulässig ist, gelang es doch bisher in allen Fällen obzusiegen, in denen gerichtliche Hilfe in Anspruch genommen werden mußte." (!) Danach ist also der generelle Vorwurf des „Versagens" der Rechtsprechung (wie auch der Wissenschaft vom Wettbewerbsrecht) eine irrtümliche Behauptung.

Man hat auf die Eingabe des Deutschen Vereins für den Schutz des gewerblichen Eigentums (M. Mintz) vom 6. Mai 1929 (GRUR. 1929, 700) nicht gehört, wo gesagt war: „Gerade mit Rücksicht auf das bisherige Ergebnis der Rechtsprechung (RGSt. 61, 58 sollte danach nicht genügen!) ist von verschiedenen Seiten ein besonderes gesetzliches Verbot der unlauteren Zugaben gefordert worden. Der Schaffung einer solchen Sonderbestimmung stehen indes die Bedenken entgegen, daß die begriffliche Abgrenzung der unlauteren Zugaben gegenüber denjenigen, die wettbewerblich einwandfrei erscheinen, zu schwierig ist, daß, wie die gemachten Vorschläge zeigen, eine solche Bestimmung, um den mannigfaltigen Erscheinungsformen des Zugabeunwesens begegnen zu können, bestimmte Kategorien aufzählen würde und so die Gefahr in sich trüge, ihre Umgehung durch neue Erscheinungsformen anzuregen. ... Deshalb muß eine Blankettnorm, wie sie der § 1 UWG. enthält, zur Bekämpfung der unlauteren Zugaben geeigneter erscheinen. Sie hat den Vorteil, auf alle Formen des Zugabewesens, welche als unlauterer Wettbewerb anzusehen sind, anwendbar zu sein und eine Anpassung an die nicht immer gleichbleibenden Anschauungen über die Zulässigkeit einer Zugabe zu ermöglichen. Aus der Tatsache, daß bisher nur wenige Entscheidungen ergangen sind, welche dem Zugabeunwesen mit einer Begründung aus § 1 UWG. entgegentreten, kann bei der geringen Gesamtzahl der bekannten Prozesse über Zugaben nicht gefolgert werden, daß der § 1 UWG. in der Handhabung durch die Gerichte versage. ..." Das ist ganz richtig, und es wird dort weiter unter Hinweis auf einige Urteile der Berliner Landgerichte mit Recht gesagt, die Rechtsprechung (und die Wissenschaft) werde geeignete Grundsätze zur Bekämpfung des Zugabeunwesens aus § 1 UWG. entwickeln.

Es ist daher auch abwegig, wenn Utescher (GRUR. 1929,

838) sagt, die Rechtsprechung habe zwei Jahrzehnte Zeit gehabt, die Mißstände zu beseitigen, und es sei ihr nicht gelungen; die dort von ihm (S. 837/38) aufgeführten acht Gründe für die Notwendigkeit eines neuen Sondergesetzes sind fast durchweg überaus schwach. Die Erlasse der Ministerien behufs schärferen Zupackens (ebenda S. 836/37) wären im Verein mit ein paar energisch durchgeführten Prozessen fähig gewesen, die Brauchbarkeit der §§ 1, 3, 4 UWG. auch im Kampfe gegen das Zugabeunwesen zu erweisen. Auch die ebendort (S. 834/35) erwähnten Urteile des AG. Halle, der LG. Leipzig, Aurich, der OLG. Dresden, Kiel, Naumburg zeigen, daß man mit den Grundsätzen des UWG. Fälle der Zugaben sachlich beurteilen und aburteilen kann und besser zu der notwendigen Differenzierung der Unlauterkeit gelangt als durch ein schematisches Verbotsgesetz.

Ob diese Entscheidungen, die jetzt im wesentlichen durch die neue Vo. in ihrer unmittelbaren Bedeutung überholt sind, durchweg das Richtige getroffen haben, darf dahingestellt bleiben; überwiegend waren sie scharf gegen die „Wertreklame" eingestellt, so daß aus diesem Anlaß die Verbotsgesetzgebung nicht hätte bemüht zu werden brauchen. Eine volle Klärung, die brauchbare Rechtsgrundsätze entwickelt hätte, wäre also sehr wohl möglich gewesen.

Gegenüber dem Vorwurf Uteschers, die Rechtsprechung habe binnen zwei Jahrzehnten das Wesentliche nicht erreicht, hat schon Clad mit Recht darauf hingewiesen (GRUR. 1929, 852), daß der Zeitraum von 1910 bis 1914 zur endgültigen Beurteilung der Verhältnisse zu kurz war, dann bis 1924 es kaum unlauteren Wettbewerb gegeben habe. „Daß die Nichtanwendung des § 1 UWG. Schuld der Rechtsprechung ist, kann so lange nicht behauptet werden, als nicht mehrere Urteile bekannt werden, die den auf § 1 UWG. gestützten Unterlassungs- oder Schadensersatzanspruch zurückgewiesen haben." Auch das Reichsjustizministerium hat in einem Erlaß an das Württembergische Ministerium des Innern vom 9. Januar 1926 (abgedr. bei Clad, GRUR. S. 852, und bei Utescher, ebenda S. 837) gesagt: „In der Eingabe wird zutreffend ausgeführt, daß den Auswüchsen des Zugabewesens bei richtiger Anwendung der in Betracht kommenden Vorschriften des Gesetzes gegen den unlauteren Wettbewerb wohl zu begegnen ist. Dies deckt sich durchaus mit der Auffassung, wie ich sie in meinem das Zugabewesen betreffenden Schreiben vom 20. Januar vorigen Jahres — IB 122 KL — dargelegt habe, und gilt insbesondere auch gegenüber solchen Mißbräuchen der Wertreklame, die zu einer Verteuerung der eigentlichen Ware führen. Es liegt deshalb m. E. kein Anlaß vor, im Rahmen des Gesetzes zur Förderung des Preisabbaues eine Ausnahmevorschrift gegen das Zugabewesen zu erlassen, ganz abgesehen davon, daß auch in dieser Form eine Abänderung des Gesetzes gegen den unlauteren Wettbewerb selbst nicht zu umgehen sein würde."

Auch von dieser berechtigten Stellungnahme ist also das Ministerium — offenbar auf andauerndes Drängen der Interessenten — abgegangen. Die Sonder-Vo. ist da und muß angewendet werden. Aber diese Äußerung des Reichsjustizministeriums bleibt wichtig genug für die Tatsache des engen Zusammenhanges dieses neuen Sondergesetzes mit dem Gesetz gegen den unlauteren Wettbewerb und für die Auslegung der neuen Vo.; diese Auslegung darf von dem engen geistigen Zusammenhang nicht absehen. Soweit die Vo. als Sondergesetz Zweifel offenläßt, sind also die Fälle nach den Grundsätzen des UWG. zu entscheiden. Da aber, wie sich namentlich aus der näheren Betrachtung der Ausnahmen ergibt (siehe unten zu IV), solche Zweifel sehr zahlreich sein werden, so ist die Heranziehung der Grundsätze des UWG. nach wie vor auch für das Zugabeverbot von größter Bedeutung.

Dieser enge geistige Zusammenhang, der auch durch § 2 Abs. 3 (siehe unten S. 64) bewiesen wird, bezieht sich aber nur auf die Ergänzung der Lücken dieser neuen Vo., während er an sich in seinen positiven Bestimmungen nicht von dem Tatbestandsmerkmal der Sittenwidrigkeit abhängig gemacht, sondern auf absolute Erlaubtheit oder Unerlaubtheit nach dem Wortlaut der Vo. abgestellt ist.

Durch Verbote, die absolut sind und von den Grundbegriffen des UWG. absehen, wird viel zuviel Wasser (oder Essig) in die gute Essenz der Bekämpfung des unlauteren Wettbewerbs gegossen, und man kommt auf solche Weise dahin, überhaupt nicht mehr zu wissen, was Unlauterkeit und Sittenwidrigkeit ist, weil man allerlei unbequeme Wettbewerbshandlungen mit in den Kreis des Verbotenen einreiht. Wettbewerb ist nun einmal ein Grundelement geschäftlichen Erfolges und vordringender Tüchtigkeit. Es soll gewiß nichts Unrechtes durchgelassen werden, aber zur Beschneidung von Auswüchsen genügt unser Gesetz, das sich der sorgsamsten wissenschaftlichen Auslegung und einer so strengen höchstrichterlichen Judikatur erfreut, daß die Hineinhäufung von neuen kasuistischen Verboten in dieses Gesetz kaum eine Förderung bedeuten kann. Will man freilich nicht etwa nur das Zugabeunwesen, sondern jegliche Zugabe schlechthin bekämpfen, dann handelt es sich — und darüber sollte man sich klar sein — nicht mehr um eine Materie innerhalb des Rahmens des Gesetzes gegen den unlauteren Wettbewerb, sondern um einen Eingriff in die Gewerbefreiheit auf dem Wege eines Eingriffs in die Werbefreiheit (vgl. Kattentidt in „Mitteilungen der Industrie- und Handelskammer Berlin 1930 Heft 4; ferner Elster ebenda Heft 23, woraus verschiedene Ausführungen hier übernommen sind).

Obwohl also äußerlich, wie auch Goldbaum, Komm. S. 12, zutreffend hervorhebt, der Zusammenhang der neuen Vo. mit dem UWG. zerrissen ist, bleibt er innerlich doch bestehen, ja die Bestimmungen des UWG. sind ergänzend heranzuziehen, soweit nicht lex specialis derogat legi generali.

III. Radius des Zugabeverbots.

1. Begriff der Zugabe. Zugabe ist begrifflich nicht gleichbedeutend mit unentgeltlicher Hingabe jeglicher Art oder einem Geschenk. Zugabe setzt dem Wortsinne nach eine andere

Ware oder Leistung voraus, zu welcher, d. h. bei deren käuflichem oder anderem rechtsgeschäftlichen Erwerb diese (im Wert meist geringere) Ware oder Leistung zugegeben wird. (Goldbaum, Komm. S. 26, betont für die Zugabe begrifflich, daß sie „als unentgeltliche Zuwendung bedingt sein müsse durch den Abschluß eines entgeltlichen Geschäfts über die Hauptware oder die Hauptleistung"; das ist, nur anders ausgedrückt, im wesentlichen das Gleiche.) Es kann also Ware zu Ware, Ware zu Leistung, Leistung zu Ware und Leistung zu Leistung zugegeben werden. Immer muß das Zugegebene sich durch seinen Charakter als Accidens, als Nebensache oder Nebenleistung kennzeichnen. Unentgeltliche Hingabe ohne Zusammenhang mit einer Hauptware oder Hauptleistung fällt aus dem Begriff der Zugabe heraus, also z. B. der „freie Verkaufstag" und Ähnliches (siehe unten zu III 3), und die Werbehingabe, Verteilung von Gratiswaren behufs Werbung, zur Probe usw. Wieweit etwa darin eine unzulässige Wettbewerbshandlung liegt, muß nach den Vorschriften des UWG. ermittelt werden, zu dem Umkreis der Vo. über das Zugabeverbot gehört dies nicht, da es sich nicht um Zugaben handelt. Wenn Goldbaum, Komm. S. 19, den „Treurabatt" in der Regel aus dem Begriff der Zugabe herausnimmt, so ist das richtig; dann muß aber, entgegen seiner Meinung, das Gleiche für die Umsatzbonifikation gelten, die zu den Rabatten gehört; denn sie wird gewährt in Geld (Skonto) oder in denjenigen Waren, in denen die Umsätze getätigt worden sind, also in den „gleichen" Waren (vgl. unten zu IV 2).

Die Frage, ob Zugabe als „Zuwendung" an den Käufer juristisch eine Schenkung sei (Goldbaum, Komm. S. 26), erscheint müßig und die Folgerung, daß die Zusage einer Schenkung, um gültig zu sein, nach § 518 BGB. gerichtlich oder notariell beurkundet werden müsse, abwegig. „Zugabe" ist ein selbständiger Rechtsbegriff; sie als „Geschenk" zu bezeichnen, ändert ihren Rechtscharakter ebensowenig, wie wenn sich Parteien bei anderen Geschäften in der Überschrift und Bezeichnung ihres Vertrages vergreifen. Der Jurist hat den Vertrag nach seinem Wesen zu bestimmen. Dadurch, daß die Zugabe begrifflich ein Accidens zu einem anderen Vertragsobjekt ist, unterscheidet sie sich von der Schenkung.

Man könnte daran denken, hier als beweisend anzuführen, daß nach Abs. 1 Satz 2 eine Zugabe auch vorliegt, wenn ein geringfügiges und bloß zum Schein gegebenes Entgelt geleistet wird, während die Schenkung nach § 516 BGB. unentgeltlich sein muß. Doch würde dieses Argument nicht durchschlagen, da es auch verschleierte Schenkungen und auch Verträge gibt, die teilweise eine Schenkung, teilweise eine Entgeltlichkeit zum Gegenstand haben (RGZ. 68, 328). Wichtiger ist der Gesichtspunkt, daß nach RG. in SeuffA. 70, 390 keine Schenkung vorliegt, wenn, sei es auch ohne Rechtsgrund, eine Vergütung beabsichtigt ist. Das ist bei der Zugabe der Fall; sie ist eine Art Vergütung für den Einkauf; daher ihr unbedingt akzessorischer Charakter, der dem Rechtsbegriff der Schenkung nach § 516 BGB. im Wege steht.

Der Gegenstand der Zugabe ist ziemlich unbegrenzt. Auch Gewinnchancen können Gegenstand der Zugabe sein. Diese sind immer Zugabe und nicht Rabatt, selbst wenn man nur Waren derselben Art oder Geld gewinnen kann; denn infolge des Umstandes, daß nicht unmittelbar Geld oder Ware gegeben wird, sondern eine Gewinnchance (aleatorische Unsicherheit), deren Inhalt nichts oder etwas sein kann, ist es ein aliud und mithin „Zugabe". Ganz verschieden liegt es bei dem Gutschein. In ihm selbst (mit Goldbaum, Komm. S. 28) den Gegenstand der Zugabe zu erblicken, geht nicht an. Erst der eingelöste Gegenstand (Ware oder Leistung) ist die Zugabe. Das stimmt auch mit der Definition überein, die in den Ausschußverhandlungen bei Beratung der Vo. umschrieben wurde, nämlich daß es sich bei der Zugabe um Waren oder Leistungen „mit eigenem Gebrauchs- oder Verbrauchswert" handeln müsse. Das muß weiter auch deshalb angenommen werden, weil viele den Gutschein gar nicht einlösen, also die Zugabe gar nicht empfangen, und zweitens, weil Gutscheine auch Rabatte enthalten können. Das kommt auf den vertraglichen Inhalt des Gutscheins an. Lautet er auf einen bestimmten Geldbetrag oder auf eine bestimmte Menge der gleichen Ware, so ist er unbedingt Rabatt und nicht Zugabe (siehe unten zu IV 2). Kann der Kunde sich beliebige Waren daraufhin aussuchen, so gehört der Gutschein auch noch zu der Gruppe des Mengenrabatts, des Treurabatts, der Umsatzbonifikation, denn er muß ja die Waren nehmen, die in dem betreffenden Geschäft geführt werden und auf die er beim Einkauf Gutscheine erhalten hat. Anders ist es nur, wenn der Gutschein auf eine bestimmte Ware oder Leistung lautet, die mit den gekauften Waren nicht unbedingt gleich ist (z. B. Kaffeegeschirr bei Einkauf von X Mark von Waren des Kaffeegeschäfts); in diesem Fall liegt Zugabe, nicht Rabatt vor, und man ersieht daraus zugleich, daß nicht der Schein (das Legitimationspapier), sondern der eingetauschte Bonus Inhalt des Zugabe- (oder Rabatt-) Vertrags ist.

Unentgeltliche Gewährung gehört grundsätzlich zum Begriff der Zugabe. Unentgeltlichkeit im Sinne der Vo. liegt nach Abs. 1 Satz 2 auch vor, wenn ein „geringfügiges" Entgelt für die Zugabe „bloß zum Schein" verlangt wird. Dieses Entgelt braucht nicht entweder geringfügig oder zum Schein verlangt zu sein, es ist kumulativ gemeint, obwohl nicht ausdrücklich dasteht: geringfügig und bloß zum Schein. Es ist damit aber ein neues zweifelhaftes Kriterium in das Zugabeverbot gekommen. Zu unterscheiden ist der Fall, daß ein Verkäufer dem Kunden, der schon allerlei gekauft hat, nun noch eine andere Ware zu einem sehr geringfügigen Preise abläßt (keine Zugabe, sondern eine Art Mengenrabatt oder Preisrabatt wegen des anderweitigen Einkaufs), von dem anderen Fall, daß der Verkäufer eine Ware zugibt und dafür, um das gesetzliche Verbot zu umgehen, einen geringfügigen Betrag in Anrechnung bringt. Der Unterschied besteht deutlich: im ersteren Fall kauft der Käufer, im zweiten läßt er sich die Zugabe aufhängen. Aber in der Praxis wird die Unterscheidung doch erhebliche Schwierigkeiten machen und zu Rechtsunsicherheit führen müssen, weil die Grenzen flüssig sind und die Kriterien der „Geringfügigkeit" des Entgelts und der „bloß scheinbaren" Hingabe nicht exakt faßbar sind. Vgl. auch unten zu IV 1 und III 4 (S. 43 und 42). Immerhin kann man sagen: „Geringfügigkeit" bedeutet, daß das Entgelt von dem regulären Preis der Zugabe so weit entfernt ist, daß es als Kaufpreis nicht in Betracht kommen würde; „Scheinbarkeit“ des Entgelts bedeutet Ähnliches: beides sind Gegensätze zum Preis der Zugabe als einer Ware oder Leistung.

Man hat (vgl. Goldbaum, Komm. S. 31) die Frage aufgeworfen, ob die in Abs. 2 aufgeführten Ausnahmen (siehe unten zu IV) nur Ausnahmen von dem Zugabeverbot darstellen oder auch bedeuten sollen, daß die in den „Ausnahmen“ genannten Fälle begrifflich keine „Zugaben“ seien. Die Fassung von Abs. 1 Satz 2 und Abs. 2 Satz 1 könnte zu dieser Annahme verführen, weil es heißt: „Die Vorschriften im Abs. 1 gelten nicht“ und dort im Abs. 1 als Satz 2 steht: „Eine Zugabe liegt auch dann vor, wenn die Zuwendung nur gegen ein geringfügiges ... Entgelt geleistet wird.“ Aber so sorgsam ist diese Vo. (wie ja auch aus ihren materiellen Bestimmungen hervorgeht) nicht gearbeitet, daß aus dieser Fassung geschlossen werden müßte, die in den Ausnahmen genannten Fälle sollten diese zugleich dahin deuten, daß „eine Zugabe nicht vorliegt“. Der Satz 2 von Abs. 1 ist gewissermaßen nur eine Erläuterung zu Satz 1, in den er einzuschließen ist, und der Plural „Vorschriften“ in Abs. 2 bezieht sich auf „Waren und Leistungen“. Materiell umschließen die in Abs. 2 genannten Ausnahmen sowohl Fälle der Zugaben (so z. B. a, d) wie Fälle der Rabatte (Nichtzugaben, so z. B. b, c).

Zugabe ist insofern ein absoluter Begriff, als er von der Person des Empfängers jedenfalls, u. U. auch von der Person des Gebers unabhängig ist. So könnte z. B. der Grossist dem Einzelkaufmann Gegenstände überlassen, die dieser an die Kunden weitergeben soll. Und so empfängt der Bote, der Hausangestellte, das Kind die Zugabe, gleichgültig ob es für sich oder für einen Auftraggeber einkauft. Es bleibt Zugabe, auch wenn dieser Bote die Hauptware seinem Auftraggeber aushändigt, die Zugabe aber für sich behält. Ob darin Unterschlagung oder Untreue liegt, kommt auf die Lagerung des Falles an. Die Zugabe bleibt in ihrem Wesen dieselbe. Anders wird das erst dann, wenn der Verkäufer, der

Zugebende, bewußt von sich aus Unterschiede macht, also nicht schematisch den üblichen Gutschein dem Käufer gibt, gleichgültig ob es der Hausangestellte oder die Herrschaft selbst ist, sondern von sich aus absichtlich (vorsätzlich) eine Trennung vornimmt, die dann, wenn der Bonus dem Angestellten zukommen soll, zur Bestechung, zum Schmiergeld werden kann.

2. Im geschäftlichen Verkehr. Ursprünglich war das Zugabeverbot nur für den „Einzelhandel" gedacht, d. h. den Handel, der an das Publikum unmittelbar, also an den letzten Abnehmer verkauft. Diese Beschränkung ist aufgegeben worden, weil sie, wie die Kritik gezeigt hat, an der Schwierigkeit einer zuverlässigen Abgrenzung des Begriffs „Einzelhandel" krankt. Es hätte sich ja auch zu sehr gezeigt, wie sehr das Zugabeverbot — wirtschaftlich und juristisch — an der Oberfläche bleibt und wie wenig es mit Rechtsgrundsätzen zu tun hat. Die amtliche Begr. hatte diese Einschränkung damit erklärt, daß „die Einwendungen gegen das Zugabewesen sich fast ausschließlich auf die im Einzelhandel dem kaufenden Publikum gegebenen Zugaben beziehen; die Fälle, in denen Zugaben von Produzenten an den Groß- und Einzelhändler oder vom Großhändler an den Einzelhändler gegeben werden, treten an wirtschaftlicher Bedeutung zurück" — diese sehr schmale juristisch-logische Begründung für einen solchen gesetzlichen Eingriff in die Gewerbefreiheit ist also inzwischen verlassen worden.

Das Zugabeverbot betrifft nunmehr jede Zugabe „im geschäftlichen Verkehr". Es ist dadurch weit umfassender, aber nicht rechtspolitisch besser geworden. Zwar braucht man nicht mehr die schwierige Abgrenzung zwischen Einzelhandel und Großhandel, zwischen Fabrik und Kleingewerbe vorzunehmen, aber die Erstreckung des Zugabeverbots auf jeden „geschäftlichen Verkehr" zeigt eine Uferlosigkeit, die der Geltungskraft der Vo. gefährlich werden muß. Der Begriff „geschäftlicher Verkehr" ist aus dem UWG. (§§ 1, 12, 13, 16, 18) bekannt; er bedeutet auch den landwirtschaftlichen wirtschaftlichen Verkehr, den Berufsverkehr des Arztes, Künstlers, Anwalts. Und da das Zugabeverbot ja auch Leistungen in sich schließt, so ist es danach künftig verboten, daß der Künstler im Konzert eine Zugabe gewährt (oder ist sie gleicher Art, also Rabatt?, aber doch nicht vorher hinsichtlich der Menge bestimmt!), der Arzt und der Anwalt dürfen nichts, was von der eigentlichen werkvertraglichen Tätigkeit in der Art etwas abweicht, unentgeltlich leisten. Denn es dürfte schwer sein, zu beweisen, daß dies „handelsüblich" oder „von geringem Werte" sei. Die Folge muß sein, daß — da solche liberalen Dienste sich unter das Verbot nicht beugen lassen — entweder der Begriff „geschäftlicher Verkehr" vergewaltigt werden muß, oder daß die Vo. nicht durchführbar ist oder daß sie, weil sie nicht ihrem Wortlaut entsprechend durchgeführt werden kann, nicht ernst genommen wird. Denn nach Satz 3 des § 1 ist ja sogar das Kombinieren einer (Ware oder) Leistung mit einer anderen (Ware oder) Leistung zu einem Gesamtpreis nicht erlaubt, wenn dadurch die Zugabe „verschleiert" werden soll, d. h. die geringere Leistung nicht besonders in Rechnung gestellt wird. Man denke sich dies im Arzt- und Anwaltverkehr, aber auch bloß im handwerklichen Verkehr durchgeführt, wo bei einer größeren Aufgabe eine kleinere „mitgemacht" wird! Der Konkurrent, der das erfährt, hätte dann jede Handhabe, sich dagegen zu wenden, sofern es sich um nennenswerte Zugabeleistungen, also um solche von nicht ganz geringfügiger Art handelt.

Die Unbeschränktheit des Ausdrucks „im geschäftlichen Verkehr" zeigt, daß die Zugabegewährung und -ankündigung überall getroffen werden soll, wo sie vorkommt, also auch beim handwerklichen Schuhmacher, Schneider usw. wie beim Großhandel, der andere Waren beifügt (falls es sich nicht um Kaufproben handelt; denn Kaufproben sind keine Zugabe). Es gehören hierher auch alle nach §§ 1 und 2 HGB. zum Handelsgewerbe gehörigen Geschäftsbetätigungen.

Die Bestimmungen beziehen sich nicht nur auf den Kauf von Waren, auch Miete und andere entgeltliche Überlassungsgeschäfte gehören zum geschäftlichen Verkehr.

3. Ware und Leistung.

„Das Verbot der Zugabe beschränkt sich nicht nur auf die Fälle des Verkaufs einer Ware. Die beim Zugabewesen hervorgetretenen Mißbräuche können ebenso in Geschäftsbetrieben eintreten, die bestimmte Leistungen für ihre Kunden gewerbsmäßig vornehmen (wie z. B. Färbe- und Reinigungsanstalten). Es macht ferner keinen Unterschied aus, ob die Zugabe selbst in einer Ware oder in einer Leistung besteht; Leistungszugaben, wie z. B. Photoschecks, wirken sich wirtschaftlich ebenso aus wie die Warenzugabe. Um Umgehungen des Verbots vorzubeugen, ist im Abs. 1 ausdrücklich hervorgehoben, daß als Zugabe auch solche Zuwendungen anzusehen sind, für die zwar ein Entgelt verlangt wird, jedoch nur in so geringer Höhe, daß dies offenbar bloß zum Schein geschieht." (Begr.)

Es ist keinerlei Begrenzung gemacht, welcher Art die Waren oder die Leistungen sind, insbesondere ob nur betriebsfremde Leistungen oder auch Mehrleistung zu den betriebseigenen Leistungen dahin gehören. Es fallen also auch handelsgewerbliche Leistungen des Schneiderateliers, der Schuhfabrik usw. darunter, bezw. betriebsgewerbliche eines Handelsgeschäfts. Nach dem Gesetzeswortlaut dürfen diese also auch keine Leistung — irgendwelcher Art, auch aus ihrem eigenen Arbeitsgebiet — „zugeben", — ein übrigens ganz unmöglicher Zustand, da also Überstunden oder besondere nicht berechnete Leistungen darunter fallen. Ist also einer dieser Leistenden billiger als der andere, d. h. leistet er zum selben Entgelt, für die gleiche Vergütung, mehr, gibt er z. B. Zusatzleistungen, so könnte ein Berufsgenosse ihn (vgl. § 2 unten) verklagen. Eine Rechtsunsicherheit ganz großen Ausmaßes ergibt sich hier aus dem Umstand, daß Leistungen nicht so scharf gegenständlich zu umgrenzen sind wie Waren.

Leistungen beziehen sich insbesondere auf Werkverträge und Werklieferungsgeschäfte; sie können z. B. ganz besonders bei folgenden der im § 1 HGB. genannten Handelsgewerbe vorkommen:

„Übernahme der Bearbeitung oder Verarbeitung von Waren für Andere, sofern der Betrieb über den Umfang des Handwerks hinausgeht";

„Übernahme von Versicherungen gegen Prämie";

„Bankier- und Geldwechslergeschäfte";

„Übernahme der Beförderung von Gütern oder Reisenden, Geschäfte der Frachtführer usw.";

„Geschäfte der Kommissionäre, Spediteure und Lagerhalter";

„Geschäfte der Handlungsagenten oder der Handelsmäkler";

„Geschäfte der Druckereien, sofern ihr Betrieb über den Umfang des Handwerks hinausgeht".

Ebenso gehören hier alle der Gewerbeordnung unterliegenden Betriebe her.

4. Verschleierung der Zugabe durch Gesamtpreis. Satz 3 des Abs. 1 ist im Reichsrat hinzugefügt worden. Er bringt ebensowenig wie die Änderung Einzelhandel in geschäftlichen Verkehr (siehe oben zu 2) eine Verbesserung, sondern muß notgedrungen zur Unmöglichkeit der wirklichen Durchführung der Vo. führen. Denn nimmt man diesen Satz ernst, so ist künftig jeder Gesamtpreis bei Abnahme mehrerer verschiedener ungleichwertiger Waren (oder Leistungen) verdächtig. Die eine geringerwertige Ware oder Leistung kann leicht begrifflich als Zugabe aufgefaßt werden (der Konkurrent wenigstens wird das tun) und der Gesamtpreis „verschleiert" dann den Tatbestand. Es gehört ja nicht zum Begriff der Zugabe, daß der Käufer den Zugabegegenstand nicht haben will. Nimmt er das Geringerwertige also noch mit, so müßte untersucht werden, ob der „Gesamtpreis" auch allein für das Hauptwertige gegolten hätte und nicht ohne das „Zugegebene" ermäßigt worden wäre. Ist das der Fall, dann handelt es sich gar nicht um (unentgeltliche) Zugabe, die verschleiert worden wäre, sondern um eine aufgeschwatzte Ware; wäre der Preis aber nicht ermäßigt worden ohne die im Gesamtpreis enthaltene geringerwertige Ware oder Leistung, so liegt — abgesehen von der fast unmöglichen Gegenbeweis-

führung — ja überhaupt keine „Verschleierung" der Zugabe, sondern offenkundige Zugabe vor. Der Satz 3 des Abs. 1 ist also, wenn nicht irreführend, so wenigstens überflüssig.

IV. Die Ausnahmen: Erlaubte Zugaben.

1. Geringfügigkeit des Wertes (Abs. 2, a). Reklamegegenstände und geringwertige Kleinigkeiten. Die Schwierigkeiten, die (siehe oben zu I 1, 3) befürchtet werden müssen für die „rechtssichere" Auslegung der Ausnahmetatbestände (erlaubten Zugaben), zeigen sich schon bei der ersten Position a. Es taucht hier (wie auch Goldbaum, Komm. S. 31, mit Recht hervorhebt) der Gesichtspunkt der Preishöhe des Zugabegegenstandes auf, während das grundsätzliche Zugabeverbot einem solchen Gesichtspunkt fremd sein sollte. Die Abgrenzung, was „Reklamegegenstände" sind und was „geringwertige Kleinigkeiten" sind, ist kaum einwandfrei zu geben und wird der wettbewerblichen Tüchtigkeit der Zugabeinteressenten großen Spielraum lassen. Wird von einem Kaffeegeschäft ein Kaffeegeschirr (Kanne, Tassen usw.) als Zugabe gegeben, so wird zu verneinen sein, daß die Gabe „von geringem Wert" sei, sie wird also auch mit Firmenaufdruck als unzulässige Zugabe anzusehen sein; anders, wenn es sich nur um eine einzelne Tasse handelt, die einen Firmennamen sichtbar trägt.

Reklamebilder (z. B. in Zigarettenschachteln) gehören hierher — also zu den erlaubten Ausnahmen — zweifellos, wenn sie einen deutlich sichtbaren Aufdruck der reklametreibenden Firma tragen. Ist dies nicht der Fall, dann ist zu fragen, ob der Begriff der „geringwertigen Kleinigkeit" darauf anwendbar ist. Das ist zu bejahen, selbst wenn sich ein Tauschverkehr der die Bilder sammelnden Interessenten (namentlich Kinder) entwickelt haben sollte. Anfänglich lautete der Begriff „Kleinigkeiten ohne eigenen Verkehrswert"; da war die Frage nicht ganz so eindeutig zu beantworten. Würden etwa wertvollere Briefmarken als Zugabe gegeben, so wäre da von geringwertiger Kleinigkeit keine Rede mehr, zumal es einen anerkannten und öffentlichen Briefmarkenhandel gibt.

Trotzdem bleiben die Begriffe „geringwertig" und „Kleinigkeit" sehr unsicher für eine Gesetzesbestimmung; denn sie sind überaus relativ und subjektiv, und die Meinungen können daher im Einzelfall sehr weit auseinandergehen.

Eine klarere Abgrenzung gibt z. B. § 8 Ziff. 1 der Buchhändlerischen Verkehrsordnung, der die Zugaben erlaubt, die lediglich der Werbung dienen und ihrer Natur nach nicht zum Verkauf bestimmt sind. Unter den unerlaubten Zugabe„leistungen" sind dort u. a. das handelsübliche Maß übersteigende Zahlungsbedingungen genannt.

Zu den erlaubten Ausnahmen gehören demnach auch: Luftballons für Kinder (mit Firmenaufdruck, nicht ohne Firmenaufdruck) und ähnliche geringfügige Spielsachen; Kalender mit Firmenaufdruck der die Zugabe gewährenden Firma (Aufdruck des Verlags, der den Kalender hergestellt hat, würde nicht genügen); desgleichen Schuhanzieher in Schuhgeschäften, Streichhölzer in Zigarren- und Zigarettengeschäften, Seifenlappen in Handlungen mit Seife und Wirtschaftsartikeln — immer unter der Voraussetzung der deutlichen Firmenanbringung der reklametreibenden Firma auf dem Zugabegegenstand. Die Begr. nennt als Beispiele Fähnchen, Luftballons, eine Schreibfeder, einzelne Zuckerwerkstückchen, woraus hervorgeht, wie klein man sich die erlaubte Zugabe gedacht hat. Es zeigt sich daraus, daß „Reklamegegenstand" keine Kategorienbezeichnung für Waren ist, daß man also nicht etwa grundsätzlich zwischen Waren, die Reklamegegenstände sein können, und solchen, die es nicht sein können, zu unterscheiden hat, sondern daß geringwertige Waren eben durch die deutliche Anbringung des Firmennamens zu Reklamegegenständen werden. Aber auch darin liegen Gefahren für die Klarheit und Rechtssicherheit dieser Ausnahmebestimmung. Eine begriffliche Kennzeichnung der Zugabeware danach, ob sie in die Branche des Zugabegebers gehöre oder nicht, ist von der Verordnung nicht gemacht.

Ob die unentgeltliche Mitgabe von Modenblättern in Bekleidungs- und Modengeschäften unter diese Gruppe fällt, wird schwieriger zu beantworten, aber wohl zu verneinen sein, da hier der Gegenstand auch durch aufdringlichen Aufdruck kaum zum bloßen Reklamegegenstand wird, sondern eine recht wichtige Ware für die Stoffkäuferin ist. Aber das Modenblatt kann zu der Gruppe der „handelsüblichen Nebenleistungen" (siehe unten zu 3) gehören. Gleiches kann man für die Kinderzeitschrift nur dann sagen, wenn das Blatt wirklich von „geringem Wert" und grundsätzlich als Reklamegegenstand anzusehen ist; das ist kaum mit Sicherheit zu entscheiden; jedenfalls darf solche künftig nicht mehr als Zugabe gewährt werden, wenn es kein Reklamegegenstand von geringem Wert ist, es sei denn, daß der Inhalt hauptsächlich aus Reklame für den Zugabegeber besteht.

Umstritten wird auch die Frage sein oder werden, was unter „dauerhafter und deutlich sichtbarer Bezeichnung" der reklametreibenden Firma zu verstehen ist. Trägt z. B. eine Porzellantasse oder ein Teller auf der Unterseite diese Bezeichnung deutlich, so müßte das genügen; eine aufdringliche Bezeichnung wird nach dem Gesetzeswortlaut nicht zu verlangen sein: Dauerhaftigkeit und Deutlichkeit genügen; daß die Begr. von „auffälligem" Anbringen spricht, macht für die Auslegung der Vo. nichts aus.

2. Rabatte (Abs. 2, b, c).

a) Allgemeines. Es muß als dringendste Forderung gelten, wenn das Zugabeverbot nicht verheerend wirken soll, daß die Rabatte aller Art ausgenommen werden. Zugabe — ihrem eigentlichen Wesen nach — bedeutet (siehe oben zu III 1), daß die zugegebene Ware anderer Art ist als die Hauptware, die Gegenstand des Kaufes ist. Ist dies nicht der Fall, also handelt es sich um Stücke der gleichen Ware oder Warengattung, dann liegt Rabatt oder Preisermäßigung vor; so wenn bei drei Kragen oder drei Paar Strümpfen das dritte Stück oder Paar billiger ist, so wenn im Buchhandel, wo es feststehende Norm ist, auf eine gewisse Anzahl von Exemplaren des gleichen Buches oder der Teile einer einheitlichen Serie (auf sechs oder acht oder zehn oder zwölf Exemplare) ein Freiexemplar geliefert wird. Das ist keine Zugabe, sondern eine Preisermäßigung bei Mengenbezug, die in der Mehrzahl der Industrien und in weitesten Kreisen des Handels als vollauf berechtigt und ganz unantastbar angesehen wird. Es ist ausgeschlossen, dies mit Rechtsmitteln oder mit dem Gedanken des unlauteren Wettbewerbs bekämpfen zu wollen. Eine Unterscheidung in Geld- (Bar-) und Waren- (Mengen-) Rabatt (b und c) ist zutreffend.

Etwas anderer Art sind die Rabattsparmarken, die als Wertmarken dem Kunden ausgehändigt und bei Erreichung eines bestimmten Gesamtertrages zu einem Prozentanteil (etwa 5 v. H.) „eingelöst" werden, d. h. beliebige Ware desselben Geschäfts dafür gegeben wird. Das sind keine Zugaben im Rechtssinne (bei denen ja der Käufer keine Wahl über die Zugabe hat), sondern Formen des Mengenrabatts. Ja es gab — oder gibt in manchen Städten noch — einen Zusammenschluß solcher Art von vielen Ladengeschäften in Rabattsparvereinen. Dieses Prinzip besteht darin, daß der Rabatt in gleicher Höhe in Klebemarken gegeben wird, diese Marken in ein sog. „Sparbuch" geklebt werden, das nach Erreichung einer bestimmten Sparsumme (5 oder 10 Reichsmark) eingelöst wird (überwiegend in bar, nur vereinzelt in Waren). Der Zweck dieser Einrichtung sollte die Förderung des Barverkehrs, gesunde Preisbildung, Milderung des Konkurrenzkampfes und des unlauteren Wettbewerbs (!) sein, ferner Beseitigung der marktschreierischen Reklame, der Preisschleuderei, des ungesunden Rabatt- und Zugabewesens.

Dem „ungesunden" Rabatt- und Zugabewesen wird also da ein „gesundes" entgegengesetzt, das gewiß bedeuten soll: Rabatt in festumgrenzter Form ist gesund und erlaubt. Aber es ist auch da nicht die Form des echten Rabatts gewählt, der im Preisnachlaß bei Mengenbezug der gleichen Ware in Gestalt einer Barermäßigung oder einer Zugabe von Stücken der gleichen Ware besteht, sondern in der Form der Zugabe, freilich nach Wahl des Kunden, der diese „Zugabe" auch in bar entnehmen kann. Auch da also kommt eine der Forderungen der Zugabegegner zum Ausdruck, die in der Wahlfreiheit der Bargeld- oder Warenentnahme liegt.

Die Begr. beschränkt sich darauf, als gemeinsame und grundsätzliche Ursache der Erlaubtheit des Rabatts zu sagen: „Bar- und Mengenrabatt lassen ohne weiteres den Wert der Zuwendung erkennen und schließen daher eine Täuschung über das Maß der gebotenen Begünstigung und damit eine Verschleierung des Preises aus."

b) Geld- (oder Bar-) Rabatt. Die Betonung der amtlichen Begr., daß Rabatt nicht gefährlich sei, weil sein Wert klar ersichtlich sei und keine Verschleierung des Preises vorliege, bedeutet, daß es sich im wesentlichen um einen Wettbewerbsschutz zugunsten des Publikums und erst mittelbar um einen solchen der konkurrierenden Geschäftswelt handeln soll; denn der Schutz der letzteren, der anerkanntermaßen der Hauptgesichtspunkt im Gesetz gegen den unlauteren Wettbewerb sein soll, würde genau so wenig gewahrt durch die Erlaubnis einer durchsichtigen wie einer undurchsichtigen Zugabe. Der wirkliche Grund — namentlich für den Barrabatt — dürfte vielmehr der — schon nach geltendem Recht anerkannte — Gesichtspunkt sein, den RGZ. 78, 197/98 ausspricht: „Die Gewährung eines Abzugs vom üblichen Ladenpreise als Rabatt bildet eine besondere Art der Preisstellung. Weder die Rabattgewährung an sich noch auch die Gewährung des Rabatts durch sofortigen Abzug oder durch spätere Rückerstattung eines Teiles des Kaufpreises noch auch die Beschränkung des Rabatts durch bestimmte Voraussetzungen oder auf bestimmte Kundenkreise kann als gegen die guten Sitten verstoßend angesehen werden", und das RG. zitiert die Regierungsbegründung zum UWG. von 1909, die den Rabatt als eine uralte Geschäftsgewohnheit bezeichnet. Namentlich wird auch die unterschiedliche Behandlung verschiedener Kundenkreise vom RG. als nicht sittenwidrig bezeichnet im Gegensatz zu der Behauptung der Klägerin, die darin eine sittenwidrige Wettbewerbshandlung erblicken wollte. Auch RGZ. 79, 321 erklärt das Gewähren von Sonderrabatt für erlaubt.

Die Formen der Rabattgewährung — auch des Barrabatts — sind verschieden: es gibt Rabatt für größere Bezüge, was sich mit dem Begriff des Mengenrabatts berührt — z. B. billigerer Preis bei gleichzeitiger Entnahme von drei Paar, von einem Dutzend usw. —, und es gibt Rabatt für Barzahlung, den man Skonto nennt. Letzterer ist eine mehr zum Gebiet des Zinses als des Umsatzes gehörige Vergünstigung.

c) Mengenrabatt im engeren Sinne ähnelt der Warenzugabe mehr als der Barrabatt. Typische Fälle sind z. B. die Einkaufskarten des Herrengeschäfts, die nach dem Kauf von zwölf Krawatten eine Krawatte im Durchschnittspreise der zwölf gekauften unentgeltlich geben, oder die „Partie" im Buchhandel, wo auf sechs oder acht oder zehn Exemplare entweder desselben Werkes oder einer Serie von Werken ein Exemplar unentgeltlich gegeben wird. Diesen Formen ist gemeinsam, daß der Mengenrabatt a) nicht in Geld, sondern nur in Ware, b) auch bei zeitlich auseinanderliegenden Einzelkäufen und c) im entsprechenden Wert des Einkaufs gewährt wird.

Der Unterschied dieser der Zugabe sehr ähnlichen Rabattgewährung in Waren gegenüber den vom Gesetz verbotenen Zugaben liegt lediglich in der Gleichheit oder mindestens Gleichartigkeit der als Mengenprämie zugegebenen Ware zu der gekauften Ware. Deshalb betont Ziff. c des Gesetzes: „wenn die Zugabe zu Waren in einer bestimmten oder auf bestimmte Art zu berechnenden Menge gleicher Ware besteht". Gleichheit und Gleichartigkeit der Ware (oder Leistung) ist nicht dasselbe. Hier ist die Gleichheit verlangt (was mehr ist als Gleichartigkeit), während in § 2 (siehe unten S. 64) für die Aktivlegitimation zur Klage nur von Waren „gleicher oder verwandter Art" die Rede ist; doch ist dort nur eine Nachlässigkeit im Ausdruck anzunehmen und nach dem Sinn der Vorschrift selbstverständlich auch dem Hersteller „gleicher" Ware die Klagelegitimation gegeben.

„Gleichheit" und „Gleichartigkeit" der Ware ist schon im Warenzeichenrecht ein schwieriges Problem. Dort helfen aber die Warenklasseneinteilung und die Frage der zeichenrechtlichen Verwechselungsfähigkeit. Das kommt für das Zugabenrecht nicht in Betracht, weil hier nicht die Warenkennzeichnung, sondern der Unterschied zwischen Rabatt und Zugabe in Frage steht, und weil es hier sich auch nicht um das mildere Kriterium der Gleichartigkeit, sondern um das strengere der Gleichheit der Waren handelt. Man darf aber auch diesen Begriff nicht überspannen und etwa (wie Goldbaum, Komm. S. 32/33) Stollwerkschokolade und Sarottischokolade oder Fleisch und Knochen als verschiedene Waren ansehen. Soll, wenn der Kaufmann auf zwölf Tafeln Schokolade eine dreizehnte „zugibt", dieser Mengenrabatt Zugabe im Rechtssinne werden, sobald die dreizehnte eine andere Marke oder von anderer Herkunft ist? Soll der Fleischer bei einem Braten von zehn Pfund zwar ein Viertelpfund Übergewicht unentgeltlich an Fleisch, aber nicht an Knochen geben dürfen? Solche Überspannung würde das Gesetz, die Rechtsprechung und das Recht überhaupt ad absurdum führen (vgl. auch unten zu 3 über „Zubehör und Nebenleistungen") und es würde dann schließlich keine Umsatzbonifikation in Waren gegeben werden können, falls der Umsatz nicht in einer ganz eng begrenzten Warengattung getätigt worden ist. Das hängt natürlich davon ab, wie eng man den Begriff der einzelnen Ware fassen oder die Gattung als Ware betrachten und bezeichnen will. Der Sprachgebrauch und die Auffassung des Publikums müssen bei der Beurteilung herangezogen werden. Dann aber muß unbedingt Schokolade gleich Schokolade genommen werden und es darf nicht die Ausnahme unnatürlich so beschränkt werden, daß nur Tafelschokolade der Tafelschokolade oder gar nur Sarottitafelschokolade der Sarottitafelschokolade gleichgesetzt wird, um die unerlaubte Zugabe von dem erlaubten Mengenrabatt zu unterscheiden.

Besonders schwierig wird die Frage bei der Gewährung von Gutscheinen.

Auch der Gutschein des Kaffee- oder des Drogengeschäftes, laut welchem der gesammelte Nennwert — etwa von 20 Reichsmark — die Berechtigung zu der Entnahme von Waren im Werte von einer Reichsmark oder eines anderen Gegenstandes (Kaffeetasse) gewährt, lautet an sich auf eine „bestimmte Menge" oder eine „auf bestimmte Art zu berechnende" Menge, aber wenn es sich nicht um die gleiche Ware wie die gekaufte handelt, dann soll diese Art des „Rabatts" nach der neuen Vo. als unerlaubte Zugabe verboten sein. Die Grenzen sind sehr flüssig; der Gutschein ist noch neutral, sein Inhalt erst besagt, ob Rabatt oder Zugabe vorliegt (siehe oben zu III, 1), d. h. ob es sich um die „gleiche Ware" handelt. Die „gemischte Partie" im Buchhandel, z. B. bei einer Serie von Büchern mit verschiedenem Inhalt und verschiedenen Preisen, könnte als Ware, die nicht gleich sei, angesehen werden; wenn aber dies, wie mit Sicherheit anzunehmen ist, nicht die Absicht des Gesetzes ist, dann darf z. B. das Drogengeschäft seine Bons allgemein auf Parfümerien ausgeben, das Konfitürengeschäft auf Schokolade, das Lebensmittelgeschäft auf Lebensmittel aller Art oder zum mindesten auf Wurst oder Konserven. Die Schwierigkeit liegt also in der Frage, was „gleiche Ware" ist, eine Frage, die generell und für alle Fälle gültig überhaupt nicht zu beantworten ist, aber nicht kleinlich beantwortet werden darf.

Vgl. auch unten zu 4.

3. Handelsübliches Zubehör und Nebenleistungen (Abs. 2, d). Wie eng die Regierung diese Position der Ausnahme angesehen wissen will, zeigt der Satz der Begr.: „Eine dem Üblichen entsprechende Verpackung der Ware, eine Nebenleistung wie die unentgeltliche Zusendung der Ware und dergl. sind nicht zu beanstanden; ihre Zulassung gibt zu Mißbräuchen keinen Anlaß." Indessen legt der Wortlaut der Vo. eine weitere Auslegung nahe oder er fördert sie sogar. Denn daß man Zusendung der Ware oder Verpackung der Ware nie und nimmer überhaupt unter dem Begriff einer „Zugabe", auch nicht im engeren Sinne einer erlaubten „Zugabe", verstanden hat, dürfte nicht zweifelhaft sein. Die Beispiele der Begr. sind also mindestens sehr schlecht gewählt, weil sie über die Begriffe „Zubehör" und „Nebenleistungen" und deren "Handelsüblichkeit" auch nicht den leisesten Anhalt geben, und somit als Richtlinien für die Auslegung des Textes der Vo. nicht zu gebrauchen. Dabei hat man „Zubehör" als Zugabe zu Waren von „Nebenleistungen" als Zugabe von Leistungen zu unterscheiden.

a) Zubehör. Es muß gefragt werden, wieweit der sachenrechtliche Zubehörbegriff hier heranzuziehen ist. § 97 BGB.: „Zubehör sind bewegliche Sachen, die, ohne Bestandteile der Hauptsache zu sein, dem wirtschaftlichen Zwecke der Hauptsache zu dienen bestimmt sind und zu ihr in einem dieser Bestimmung entsprechenden räumlichen Verhältnisse stehen. Eine Sache ist nicht Zubehör, wenn sie im Verkehr nicht als Zubehör angesehen wird. Die vorübergehende Benutzung einer Sache für den wirtschaftlichen Zweck einer anderen begründet nicht die Zubehöreigenschaft. Die vorübergehende Trennung eines Zubehörstückes von der Hauptsache hebt die Zubehöreigenschaft nicht auf."

Wenn wir Beispiele von Zubehören aus der Rechtsprechung entnehmen, wie Kamin des Miethauses (OLGR. 15, 310), Kohlenvorräte eines Ziegeleigrundstücks (RGZ. 77, 36; a. A. OLGR. 13, 312), so besagen diese nicht viel für die Anwendung auf die „Zugabe als Zubehör"; denn für diese kommt als Voraussetzung (siehe oben S. 30) hinzu, daß es sich um eine Wettbewerbsmaßnahme handeln muß; nicht jedoch um unbedingt geringwertige Reklamegegenstände, denn die Position d (Zubehör und Nebenleistungen) des § 1 Abs. 2 obigen Gesetzes steht koordiniert neben Position a. Handelsübliches Zubehör und Nebenleistungen brauchen, um zulässig zu sein, nicht geringwertig zu sein. Wohl aber muß eben der Gedanke der „Zugabe" beachtet werden, der ein Werbegedanke ist.

Gibt der Fleischer Knochen zum Fleisch zu, so ist das Neben- und Zubehörware; denn wenn z. B. Suppe gekocht werden soll, so wird sie aus Fleisch und Knochen gekocht; die räumliche Verbindung ist also ebenfalls gegeben. Einen Unterschied zu machen, wenn die Knochen nicht für die Suppe, sondern vielleicht für den Hund sind, hieße das Gesetz lächerlich machen. Es kommt der Umstand hinzu, daß die Knochen ohne Fleisch nur einen beschränkten Verkaufswert haben und somit als Zubehör der Fleischerware selbst dann anzusehen sind, wenn etliche Kunden hie und da nur Knochen kaufen.

Gibt z. B. der Wirt unentgeltlich Salz und Senf oder englische Soße zu den Speisen, Zucker zum Kaffee, in Norddeutschland Kartoffeln zum Fleisch (in Süddeutschland nicht), so müßte solche Zugabe, wenn sie nicht handelsüblich ist (Kartoffeln in Süddeutschland), unter die unerlaubten Zugaben fallen. Die Forderung des „Handelsüblichen" entspricht dem Satz in § 97 BGB.: „Eine Sache ist nicht Zubehör, wenn sie im Verkehr nicht als Zubehör angesehen wird." Das „räumliche Verhältnis" aber, in welchem das Zubehör nach § 97 BGB. zu der Hauptsache stehen muß, wird die erlaubten Zubehörzugaben stark einschränken. Streichhölzer zu Zigaretten, Senf zu Würstchen, Zucker zum Kaffee kommen beim Gebrauch in ein ganz nahes räumliches Verhältnis, und dies dürfte hier als Voraussetzung genügen. Als Gegensatz dazu wird man solche Zugaben nicht als Zubehör anzusehen haben, die auch in keine räumliche Beziehung zu der Hauptsache kommen, wenn man sie gebraucht, der Hauptsache also wirtschaftlich und im Gebrauch fremd sind.

b) Nebenleistungen. Ebenso schwierig wie der Charakter des Zubehörs bei gekauften (oder gemieteten) Waren ist der Charakter der Nebenleistung bei Werkverträgen und Werklieferungsverträgen zu bestimmen. Die Handelsüblichkeit ist auch hier Voraussetzung der Erlaubtheit der Nebenleistung; diese Handelsüblichkeit kann aber örtlich und nach Geschäftszweigen verschieden sein. Im allgemeinen muß Aufhängen gerahmter Bilder, Aufbügeln eines neuhergestellten Anzuges, Ausprobieren der Radioanlage und dergl. als handelsübliche und erlaubte Nebenleistung gelten, ebenso aber auch die Nebenleistung zu einem Warenkauf (nicht nur zu einem Werklieferungsvertrag): also z. B. Aufbügeln des „von der Stange" gekauften Anzuges, Anmontieren der neugekauften Badewanne oder Beleuchtungskrone, Garantieleistung des Uhrmachers für Reparaturen binnen eines Jahres (vgl. jedoch unten zu V 2 und RG. in MuW. XXIII, 94).

4. Barbetrag (Abs. 2, e). Diese Ausnahme, die die Zugabe erlaubt macht, wenn der Zugebende sie in bar zu entrichten bereit ist, erscheint als völlige Negierung des ganzen Zu-

gabeverbots, sofern man es materiellrechtlich und mit juristischer Logik auffaßt. (Gleicher Ansicht ist Heß in BuchhBörsBl. 1931 Nr. 265: „Die Ausnahme erscheint mir geeignet, den Wert des gesamten Entwurfs illusorisch zu machen. ... Wirtschaftlich praktisch gesehen kann sich das gar nicht anders auswirken, als daß der Zugabepreis vom Hauptpreis der Ware abgezogen wird. Für preisgebundene Waren [Markenartikel] ... wäre das legalisierte Schleuderei.") Hiernach sind also Zugaben an sich überhaupt nicht verboten, nur die angebliche Undurchsichtigkeit ihres Wertes wird bekämpft. Die Begr. bezeichnet diese Ausnahme als „die praktisch wichtigste":

„Die Ausnahme entspricht dem gutachtlichen Vorschlag des Reichswirtschaftsrats. Wie bereits hervorgehoben, ist für die Zulassung dieser Ausnahme der Gesichtspunkt maßgebend, daß bei der Einräumung eines Anspruchs auf einen baren Geldbetrag jede Unklarheit in der Preisberechnung für den Käufer schwindet. Dem Verkäufer soll es überlassen bleiben, den Barbetrag ziffernmäßig zu bestimmen, es steht deshalb in seinem Ermessen, ob er bei Festsetzung des Betrages von dem ihm selbst erwachsenen Erstehungspreis des Zugabeartikels ausgehen will oder von der Summe, die der Käufer im gewöhnlichen Geschäftsverkehr für den Erwerb des Zugabegegenstandes zahlen müßte. Der Verkäufer wird abzuwägen haben, was für ihn vorteilhafter erscheint, ob er es vorzieht, eine verhältnismäßig niedrige Schätzung der Zugabe in barem Geld vornehmen und damit den Wert des Zugabeartikels in den Augen des Käufers gering erscheinen zu lassen, oder ob er mit einer höheren Schätzung die Zugabe als wertvoller hinstellen will, sich aber damit der Verpflichtung aussetzt, gegebenenfalls auch größere Barbeträge auf Verlangen des Käufers zahlen zu müssen. Um die nötige Sicherung des kaufenden Publikums herbeizuführen, ist es nötig, daß beim Angebot oder der Ankündigung einer Zugabe auf die Wahlbefugnis und auf die in Betracht kommenden Geldbeträge ausdrücklich hingewiesen wird." (Begr.)

Auch als Barhingabe gehört aber diese Zugabe nicht zur Gruppe des Barrabatts; denn es fehlen (und brauchen nicht vorhanden zu sein) die — siehe oben zu 2, c — angegebenen Begriffsvoraussetzungen des Rabatts, u. a. daß es die „gleiche Ware" sein müsse. Der Verkäufer darf also seine Zugabepraxis wie bisher unbeschränkt beibehalten, wenn er nur bereit ist, den Preis des Zugabeartikels in bar statt des Zugabeartikels selbst zu gewähren. Wie angesichts dieser Ausnahmebestimmung, die als „die praktisch wichtigste" erscheint, das Zugabeverbot als Grundsatz wirtschaftlich und juristisch gerechtfertigt werden und überdies im Rahmen der Bekämpfung des unlauteren Wettbewerbs gegenüber den Mitbewerbern seinen Platz finden oder behalten kann, ist schwer ersichtlich.

In der Reichsratsberatung ist die Einschränkung hinzugekommen, daß der Wahl-Barbetrag nicht geringer als der Einstandspreis sein darf. Das beruht wiederum auf der Absicht, „Verschleierungen" zu verhüten (siehe oben zu Abs. 1 Satz 3). Der damit beabsichtigte Publikumsschutz gegen Übervorteilung durch undurchsichtige Bewertung der Zugabe ist nicht einmal bei Waren leicht zu verwirklichen, da die Ermittelung des Einstands- bezw. des Selbstkostenpreises oft recht schwierig ist, geschweige denn bei Leistungen. Was den Begriff „Einstandspreis" betrifft, so sagt darüber K. Mellerowicz in „Allgemeine Betriebswirtschaftslehre der Unternehmung" (Samml. Göschen Nr. 1008, Berlin und Leipzig 1929, S. 112): „Der Kostenwert ist im Augenblick der Entstehung ein wirklicher Wert. Er verliert seine Werteigenschaft in dem Maße, wie die Marktverhältnisse andere werden. Er beruht auf den zum Erwerb eines Gutes aufgewandten Kosten. Er ist ein Anschaffungswert (Rechnungsbetrag + Beschaffungskosten: Fracht, Zoll, Versicherung, Spesen). Er entspricht dem Einstandspreis (Einkaufspreis + Bezugskosten). Der Herstellungswert ist die Summe der zur Produktion aufgewandten Einzel- und Gemeinkosten. Anschaffungs- und Herstellungswert sind Gestehungswerte. Gestehungskosten + Vertriebskosten geben Selbstkosten." Hiernach entspricht der Einstandspreis dem Anschaffungswert, d. h. dem Einkaufspreis + Bezugskosten, als da sind Fracht und andere spezielle Spesen. Er soll hiernach nicht vollidentisch sein dem Selbstkostenpreis, bei welchem zu dem Einstandspreis noch die Vertriebskosten kommen! Es wäre also nach der betriebswissenschaftlichen Äußerung nicht zutreffend, was Staub-Koenige (HGB.-Komm. III Anm. 26 a der Vorbem. zu § 373) sagt, daß nämlich unter Selbstkostenpreis „die Gesamtkosten der Verkaufsbereitstellung, d. h. die Gestehungskosten" gemeint seien, es sei denn, daß hier unter den „Gestehungskosten" die Vertriebskosten mit eingeschlossen sein sollen. Jedenfalls sagt auch Staub-Koenige, daß es unterschiedlich sei, was die Parteien unter Selbstkosten verstehen, und daß der Begriff veränderlich sei. Es ist also wiederunm festzustellen, daß die Vo. unsichere Begriffe als Kriterien wichtiger Rechtsunterscheidungen benutzt. Es bleibt eine offene Frage, wieweit der die Zugabe Gewährende einen gewissen Anteil an Vertriebskosten, die er auf die wettbewerbliche Benutzung des Zugabegegenstandes rechnet, als Barvergütung dem den Gegenstand der Zugabe gegen bar Eintauschenden zahlen muß. Da dieses Plus in der Regel sehr klein sein wird und sich schwer ziffernmäßig nachweisen läßt, so wird in der Praxis der Einkaufspreis der Zugabe als für den Ersatzbetrag ausreichend anzusehen sein, zumal für unentgeltliche Zugaben besondere „Vertriebs"spesen kaum entstehen. Nach RG. in JW. 1916, 273 (mit Anm. von Kohler) ist bei Selbstkostenpreis nur der Einschluß spezieller Geschäftsunkosten (Fracht, Zoll und dergl.), aber nicht ein Anteil an Generalunkosten zu verstehen.

Weit schwieriger aber liegen die Dinge, wenn es sich nicht um Waren, sondern um Leistungen handelt. Die Gestehungskosten von kleinen Extraleistungen, die der Handwerker oder der Anwalt dem Kunden oder Mandanten unberechnet „zugibt", werden sich nur nach Willkür schätzen lassen. Wie wir aus der amtlichen Begr. der Vo. sahen, dachte diese beispielsweise an Zusenden der Ware. Wenn dies wirklich — wo es nicht als handelsübliche Nebenleistung anzusehen ist — eine unerlaubte Zugabe sein soll, so kommen wir zu dem grotesken Ergebnis, daß der Handwerker, der dem Kunden die Zusendung der besohlten Stiefel anbietet, dem Kunden das Fahrgeld oder die Zeitversäumnis des Angestellten in bar auszahlen muß, falls dieser es verlangt und die Stiefel selbst abholt, oder daß der Anwalt, der den Mandanten besucht, ihm das Fahrgeld ersetzen muß, falls der Mandant den Besuch ablehnt und selbst zum Anwalt kommt. Die Bestimmung wird natürlich umgangen werden, indem der Betreffende aussagen wird, er wäre sowieso zu Fuß gegangen und die Zeit sei seine Freizeit gewesen. Es darf in diesem Zusammenhang darauf hingewiesen werden, daß der Notar, der einen Notariatsakt außerhalb seines Büros macht, also zu dem Mandanten geht, eine höhere Gebühr zu nehmen gesetzlich berechtigt ist, ja daß es als unlauterer Wettbewerb gegenüber den Kollegen angesehen wird, wenn er das nicht tut. Also zu künstlichen, wenn man die Bestimmungen der Vo. ernst nimmt, den Verkehr lähmenden, die Freiheit des Einzelnen unnötig erschwerenden Folgen führen die einseitigen und wenig durchdachten Vorschriften der Vo.! Sie lassen aber durch die Möglichkeit, die Zugabewaren und -Leistungen zum Einstandspreis zu erstehen, noch ein weites Feld für erlaubte Zugaben, die dem Publikum angenehm und preiswert erscheinen.

5. Auskünfte und Ratschläge (Abs. 2, f).

„Die Ausnahme zu f ist in erster Linie mit Rücksicht auf das Zeitungsgewerbe aufgenommen worden. Erfahrungsgemäß erteilen Zeitungen, ganz besonders die Fachzeitungen, den Beziehern häufig kostenlos Auskünfte und Ratschläge; in manchen Fällen ist diese Auskunfterteilung geradezu die Voraussetzung für die Aufnahme und Aufrechterhaltung des Bezugs. Die Ausnahme ist indessen nicht auf den Fall des Zeitungsgewerbes beschränkt, sondern allgemein gefaßt, da es im Einzelhandel häufig begegnet, daß die Verkäufer von Gebrauchsgegenständen den Käufern eine nähere unentgeltliche Unterweisung über den Gebrauch des Gegenstandes zusichern. Mögen solche Unterweisungen auch zumeist handelsüblich sein (zu vgl. Ausnahme unter d), so soll die Vorschrift unter f doch zweifelsfrei feststellen, daß alle Fälle der Auskunfterteilung ohne Rücksicht auf die Frage ihrer Handelsüblichkeit von dem Zugabenverbot ausgenommen sind.“ (Begr.)

Die unbeschränkte Erlaubnis von Auskünften und Ratschlägen (ebenso wie die der unten zu 6 zu nennenden Versicherungen) in einem sonst so strengen Gesetz erscheint durch nichts gerechtfertigt und kann den Anreiz zu Mißbrauch solcher generellen Erlaubnis geben. Heß (BörsBl. f. d. dtsch. Buchh. 1931 Nr. 265) vermißt hier mit Recht die Einschränkung, daß es sich nur um handelsübliche Leistungen der genannten Art handeln dürfe. Nach dem Gesetz ist aber diese Beschränkung nicht gegeben.

6. Abonnentenversicherung (Abs. 2, g).

„Die Ausnahme unter g betrifft Versicherungsgeschäfte, die von Zeitungs- und Zeitschriftenunternehmungen zugunsten der Bezieher der Zeitungen oder Zeitschriften abgeschlossen werden, und berücksichtigt damit eine Gepflogenheit im Zeitungsgewerbe, die zu wirtschaftlichen Schäden bisher nicht geführt hat. Voraussetzung ist dabei, daß es sich um gesetzlich zulässige Versicherungen handelt, insbesondere also um solche, die vom Reichsaufsichtsamt für Privatversicherung oder der sonst zuständigen Stelle genehmigt worden sind.“ (Begr.)

Auch diese Ausnahme wirkt befremdend in einer Vo., die so sehr in die Handlungsfreiheit des geschäftlichen Verkehrs eingreift. Warum eine solche überflüssige, mit dem Zeitungs- und Zeitschriftenbetrieb in keinem organischen oder gar notwendigen Zusammenhang stehende Zugabe angesichts eines „grundsätzlichen“ Zugabeverbots als Ausnahme erlaubt wird, ist schwer einzusehen.

V. Form der Ankündigung und Gewährung der Zugabe.

1. Anbieten, Ankündigen und Gewähren (§ 1 Abs. 1 und 3). Der Tatbestand, den das Zugabeverbot treffen will, ist ein dreifacher: sowohl das Angebot einer Zugabe wie das Ankündigen wie das Gewähren erfüllt bereits den Tatbestand des Verbotenen. Gleiches ist schon in § 12 UWG. der Fall (Angestelltenbestechung). Es bedeutet Anbieten: „jede dem Anderen erkennbar gemachte Willensgeneigheit, den betreffenden Vorteil zu gewähren“ (so ähnlich Rosenthal für § 12 nach RGSt. 37, 171), was auch durch konkludente Handlung geschehen kann (ebenda nach RGSt. 26, 424); Ankündigen ist eine ebensolche Erkennbarmachung dieser Willensgeneigtheit, aber nicht einem Einzelnen gegenüber, sondern ins Allgemeine,

so daß der Geschäftspartner sich erst daraufhin anfindet; Gewähren ist die Ausführung der Zugabe, bei der es gleichgültig ist, ob sie zuvor angeboten oder angekündigt worden ist.

Da hier die Ankündigung der Zugabe in gleicher Linie mit Angebot und Gewährung steht, so muß der Schluß gezogen werden, daß der von der Vo. betroffene Tatbestand beim Angebot und der Gewährung erfüllt ist, auch wenn das Angebot oder die Zugabe von dem Anderen nicht oder noch nicht angenommen worden ist. Also enthebt Zurückweisung der Zugabe den Anbietenden oder Gewährenden nicht von den Rechtsfolgen, die die Vo. festgesetzt hat. Auch bleibt es sich gleich, wie die Ankündigung geschieht (Inserat, Aushang im Geschäft und dergl.) Es bleibt sich auch gleich, ob der Annehmende ein Anderer als der Käufer ist, also z. B. wenn der Kauf für die Hausfrau getätigt wird, die Zugabe aber dem Hausangestellten verbleibt.

Das österreichische Gesetz vom 20. Juli 1929 (BGBl. S. 899) beschränkt sich auf das Verbot des Angebots und der Ankündigung und schließt die unangekündigte oder unangebotene Gewährung von dem Verbot aus.

2. Verbot der Ankündigung „Gratis".

„Der Abs. 3 entspricht den Vorschlägen des Reichswirtschaftsrats, die besonderes Gewicht darauf legen, daß unter allen Umständen bei dem Publikum der Eindruck vermieden werden muß, als sei die Zugabe ein Geschenk, da dies in jedem Fall eine Irreführung bedeuten würde. Die dem Verkäufer durch die Zugabe entstehenden Unkosten werden in jedem Falle in die Preiskalkulation der Ware mit eingeschlossen; die Zugabe stellt also niemals eine unentgeltliche Zuwendung dar. Für die in einer großen Zahl von Fällen hervorgetretenen Mißbräuche der Ankündigung von Geschenken, Gratiszugaben und dergl. darf kein Raum bleiben." (Begr.)

Die „Gratis"-Ankündigung hat im Buchhandel zu Prozessen geführt, die auch mehrmals das Reichsgericht beschäftigt haben (JW. 1928, 2364 = GRUR. 1928, 712; JW. 1930, 1687 = GRUR. 1930, 337; BuchhBörsBl. 1930 Nr. 39, 57, 137). Es handelt sich dort nicht durchaus um „Zugaben" im strengen Sinne des Wortes, doch soll die Frage hier im ganzen besprochen werden. Nach anfänglich nicht so scharfer Stellungnahme des RG. hat dieses sich später, in Übereinstimmung mit anderen Gerichten, zu der Ansicht durchgerungen, daß jene Ankündigung einer Gratislieferung, die in Wirklichkeit etwas ganz anderes als eine Gratislieferung bezweckte und sich mithin als ein sehr ungewöhnliches Anlockungsmittel darstellte, gegen §§ 1 und 3 UWG. verstößt. Das RG. hat dabei mehr die Gesamttatsache und die psychologische Wirkung auf die Käuferkreise in Betracht gezogen und das Wahrheitsmoment in wettbewerblichen Ankündigungen stärker betont. „In Wahrheit decke der Preis (für die gebundene, bessere Ausgabe) nicht nur das Einbinden mit Einband und einem Gewinn der Beklagten für ihre Leistung, sondern es bleibe darüber hinaus für sie aus den Einbänden ein solcher Verdienst, daß er die ganzen Kosten und Spesen beider Ausgaben decke und außerdem noch ein großer Geschäftsgewinn verbleibe." Das Urteil zeigt also deutlich, worin das unwahrhaftige Moment der „Gratis"-Anzeige und der Anlockung bestand: die broschierte, schlechtere Ausgabe nur als Köder zu benutzen, um in Wirklichkeit durch die weitere Behandlung von Angebot und Annahme jeden Interessenten auf die gebundene Ausgabe zu stoßen, mit deren Kauf er den Inhalt des „Gratis"-Angebots ad absurdum führt. Dieses Locken mit einem Angebot, das voraussichtlich bei näherem Zusehen keinen Interessenten zufriedenstellt, weil er eben dann, wenn auch für sehr geringen Preis, etwas Minderwertiges erhält — dieses Anlocken zu dem richtig bezahlten (also nicht unentgeltlichen) Besseren auf eine überdies ganz unübliche Methode und unter Ausnützung einer Unerfahrenheit der Käuferkreise, — das ist es, was neben dem Tatbestand der unrichtigen Angabe nach § 3 UWG. auch noch den Tatbestand der sittenwidrigen Wettbewerbshandlung nach § 1 UWG. ausmacht. Denn der Interessent war doch durch die „Gratis"-Anzeige irregeführt. Dadurch ist gezeigt, daß die Rechtsprechung also auch schon auf Grund des bisherigen UWG. mit der Bekämpfung solcher irreführenden und unlauter erscheinenden Wettbewerbsmaßnahmen fertig geworden ist und es mithin eines neuen Gesetzes aus diesem

Anlaß nicht bedurfte, ganz abgesehen davon, daß die neue Vo. nur die Gratisankündigung von „Zugaben" betrifft. In den obengenannten Fällen würde also, wenn man sie aus der neuen Vo. beurteilen und aburteilen wollte, zu fragen sein, ob man die Bücher, die da „gratis" angeboten waren, als Zugabe zu dem Einband, der bezahlt werden sollte, ansehen konnte — was bei den ungebundenen Büchern überhaupt fortfiel, da unmöglich das Buch als Zugabe zu dem Portoersatz angesehen werden kann. Man sieht hieraus zugleich wieder, wieviel weniger die neue Vo. in der Bekämpfung unlauteren Wettbewerbs zu leisten vermag als das richtig verstandene und angewandte ältere Hauptgesetz von 1909. Es bestätigt sich auch hiernach die (schon oben zu II S. 34) hervorgehobene Stellung der beiden Kodifikationen zueinander: die Zugabe-Vo. als lex specialis geht in den von ihr geregelten Sonderfragen dem UWG. als der lex generalis vor, aber in den von ihr nicht geregelten, namentlich in allen auch auf Zugaben bezüglichen allgemeineren wettbewerblichen Rechtsfragen ist das UWG. von 1909 anzuwenden (vgl. auch unten § 2 Abs. 3).

Das RG. hat Anschauungen, die Wertheimer in JW. 1928, 2364 und Elster in BuchhBörsBl. 1928 Nr. 246 vertreten haben, bestätigt, indem es u. a. sagte: „Bei dieser Prüfung sind nicht nur rein bürgerlich-rechtliche Gesichtspunkte (Auslegungsgrundsätze usw.) zu berücksichtigen, sondern auch alle jene durch Gewohnheit und Herkommen, vielfach auch durch Vorurteil bedingten, manchmal ganz eigenartigen, aber deshalb von der unlauteren Konkurrenz vorzugsweise ausgenutzten Momente in Betracht zu ziehen, welche die Auffassung der in Frage kommenden Käuferkreise über die Vorzüge des Angebots zu bestimmen und dadurch letztere anzulocken geeignet sind." Es ist dies eine klarere Erfassung des Wahrheitsmomentes in wettbewerblichen Ankündigungen.

Die unjuristische Nivellierung durch die neue Vo. zeigt sich deutlich, wenn wir an die RG.Entsch. in MuW. XXIII (1924) 94 erinnern, wo es sich darum handelte, ob die unentgeltlich angebotene Garantie des Optikers für Augengläser (bei Zerbrechen innerhalb eines Jahres nach Kauf) als unlauteres Angebot anzusehen ist oder nicht. RG. hat damals gegenüber KG. diese Garantie als erlaubt bezeichnet und in der Ankündigung, die die Bedingungen ganz deutlich angab, keine Irreführung (also keinen Verstoß gegen § 3 UWG.) erblickt. Heute würde nach der neuen Vo. zu fragen sein, ob diese Garantie (des Optikers, des Uhrmachers), die zwar handelsüblich ist, eine Zugabe ist und mithin dann als handelsüblich zwar gewährt und auch angekündigt werden, aber ja nicht als „unentgeltlich" bezeichnet werden darf. Daß es begrifflich Zugabe sei, wird man wegen des akzidentiellen Charakters zu dem Kaufgeschäft bejahen müssen — allerdings auf die Gefahr hin, daß dann jede „Garantie" (Gewährleistung, auch u. U. Mängelhaftung) in bedenkliche Nähe zu diesen Begriffen kommen kann. Daß die Garantie als handelsübliche Nebenleistung nach der neuen Vo. erlaubt ist, aber beileibe nicht als gratis oder unentgeltlich bezeichnet werden darf, ist eine sehr unjuristische Satzung, die man der neuen Vo. verdankt und die nicht zu Klarheit und Rechtssicherheit, ja auch nicht zu reinlicher Geschäftsgebarung beiträgt.

3. Verbot der Ausspielung. Daß unerlaubte Zugaben (Abs. 1) auch nicht im Wege der Ausspielung angeboten oder gewährt werden können, versteht sich von selbst. Das Verbot der Ausspielung bezieht sich also nur auf die erlaubten Zugaben (und Rabatte) des Abs. 2 (handelsübliche Nebenleistungen, Kleinigkeiten, Rabatte, in Geld einlösbare Zugaben usw.). Die Bestimmung dürfte also von geringer praktischer Bedeutung sein. Die amtliche Begründung sagt:

„Dabei ist hauptsächlich an solche Fälle gedacht, in denen dem Käufer z. B. versprochen wird, daß in jedem fünften Paket eine Zugabe enthalten sei oder daß bei einem Einkauf über einen bestimmten Betrag hinaus durch Ziehung eines Loses ein Gewinn erlangt werden könne und dergl. In Fällen dieser Art wird es oft nicht möglich sein, das Vorliegen einer nach § 286 des Strafgesetzbuchs strafbaren Lotterie oder Ausspielung festzustellen, da es an der Voraussetzung des Einsatzes auf seiten des Käufers fehlen wird. Vielfach wird schon unter Heranziehung des § 1 des

Wettbewerbsgesetzes gegen Geschäftspraktiken dieser Art als mit den anständigen kaufmännischen Gepflogenheiten nicht vereinbar eingeschritten werden können. Zur Erhöhung der Rechtssicherheit ist aber ausdrücklich festgestellt, daß Zugaben, die derart vom Zufall abhängig sind, zu den durch das vorliegende Gesetz verbotenen gehören."

Sofern aber eine erlaubte Zugabe — etwa ein für eine Dutzendpackung vorgesehener Rabatt — in Form eines Loses dem Käufer zugeführt werden soll, geht die Vo. diktatorisch durch positive Vorschrift noch über die reichsgerichtliche Lehre vom „versteckten" Einsatz bei der wettbewerblichen Ausspielung hinaus (z. B. RGSt. 1, 54; 16, 83; 34, 447; 59, 350; 60, 127; 64, 1; 65, 194; vgl. dazu Elster, JR. 1931, 145). Eine in ihrem wesentlichen Kern m. E. unrichtige Auffassung des RG. wird hier ratifiziert — wenigstens soweit es sich um „Zugaben" handelt. Dabei läge es ganz im Sinne der fehlerhaften RG.-Theorie, gerade bei der Zugabe einen versteckten Einsatz (durch den Kauf der Hauptware) zu konstruieren.

Nicht unter das Verbot fällt ein Vorgang, wenn es sich bei ihm überhaupt nicht um eine Zugabe handelt; also weder um eine nach Abs. 1 unerlaubte noch um eine nach Abs. 2 erlaubte. Dann ist freie Rechtsfindung nach den Gesichtspunkten des UWG. und der Ausspielungsbestimmungen des StGB. gegeben, wobei die Kritik an der reichsgerichtlichen Theorie vom „versteckten Einsatz" ihre Bedeutung behält. Es ist also jeweils bei den durch Ausspielung angebotenen Kundenvorteilen zu fragen, ob es sich um „Zugaben" im Sinne der neuen Vo. handelt oder nicht.

Hatte z. B. der Inhaber eines Modewarengeschäftes für eine Zeit von zehn Tagen jedem Käufer bei einem bestimmten Einkaufswert ein oder mehrere Freilose auf Gewinne in Waren seines Geschäfts zugesichert, oder ein Kabarettbesitzer ein Abendkleid unter seinen Gästen verlost, oder der Inhaber eines Kaufhauses eine Woche lang während einer bestimmten (später bekanntgegebenen) halben Stunde oder an einem ganzen (vorher bestimmten, aber erst nachträglich bekanntgemachten) Tag („Freier

Verkaufstag") — vgl. Elster in JR. 1930, 56 — in seinem Geschäft umsonst kaufen lassen, so liegt in dem ersten dieser drei Beispiele eine Zugabe einer Ware zur gekauften Ware vor, im zweiten eine Zugabe einer Ware zu einer Leistung, im dritten jedoch eine Schenkung von Ware, die putativ gekauft war und sich hernach auf Grund besonderer Spielregeln als geschenkt herausstellte. Denn Zugabe setzt (vgl. oben zu III, 1) eine regulär erworbene Ware oder Leistung voraus, zu der eine andere Ware oder Leistung hinzugefügt wird; gilt jedoch infolge besonderer Willensentschließung der ganze Kauf unter bestimmter Voraussetzung als unentgeltlich getätigt, so kann dies mangels Vorliegens des Zugabebegriffs nicht als verboten gelten.

Wettbewerbliche Ausspielungen mit reinem Werbecharakter, bei denen ein Kauf, zu welchem das Auszuspielende Zugabe sein könnte, überhaupt nicht vorliegt, fallen ebenfalls nicht unter die neue Vo. Dahin gehören Reklame-Preisausschreiben, Ausspielungen von Ware nach dem Gella- oder Schneeballsystem (RGZ. 115, 319). Die Ware (bezw. deren Preisverbilligung) hier als „Zugabe" zu dem Werbeerfolg (Leistung) anzusehen (wie anscheinend Goldbaum, Komm. S. 37, für möglich hält), geht nicht an. Hier liegt Kauf mit aleatorischer Preisverbilligungsaussicht durch Werbearbeit und bei den Reklame-Preisausschreiben liegt meist Spiel (nicht einmal immer echte Auslosung) vor. Den ausgelobten Preis als „Zugabe" zu der Leistung oder den Gewinn auf Lose, die ohne Kaufzwang an Kunden verteilt werden, irgendwie mit dem Zugabebegriff in Verbindung zu bringen, hieße völlige Verwirrung anrichten. Vor uferloser und gekünstelter Ausdehnung des Zugabebegriffs (vgl. oben zu III, 1) muß gerade im Interesse der Rechtssicherheit und auch der Stetigkeit der höchstrichterlichen Rechtsprechung dringend gewarnt werden.

Nur für Zugaben also kommt es nicht mehr auf die Frage an, ob hier ein Einsatz klar oder versteckt vorliegt, mithin eine unerlaubte Ausspielung gegeben ist, die um deswillen als sittenwidrige Wettbewerbshandlung anzusehen ist, sondern die Streitfragen sind für Zugaben wie der Gordische Knoten durchschnitten.

Die Rechtssicherheit ist dadurch allerdings teilweise gefördert, jedoch eine neue, oft schwer zu kennzeichnende Ungleichheit, eine neue schwierige Differenzierung geschaffen worden.

§ 2.

Wer den Vorschriften des § 1 zuwiderhandelt, kann von jedem, der Waren oder Leistungen gleicher oder verwandter Art wie die Haupt- oder Zugabeware oder Haupt- oder Zugabeleistung herstellt oder in den geschäftlichen Verkehr bringt, sowie von Verbänden zur Förderung gewerblicher Interessen, soweit sie als solche in bürgerlichen Rechtsstreitigkeiten klagen können, auf Unterlassung in Anspruch genommen werden. Ist die Zuwiderhandlung im Geschäftsbetriebe von einem Angestellten oder Beauftragten vorgenommen worden, so ist der Unterlassungsanspruch auch gegen den Inhaber des Betriebs begründet.

Wer vorsätzlich oder fahrlässig gegen die Vorschriften des § 1 verstößt, ist zum Ersatze des durch die Zuwiderhandlung entstehenden Schadens verpflichtet.

Ansprüche, die wegen der Gewährung von Zugaben auf Grund anderer Vorschriften, insbesondere des Gesetzes gegen den unlauteren Wettbewerb, begründet sind, bleiben unberührt.

Die in den Abs. 1, 2 bezeichneten Ansprüche auf Unterlassung oder Schadensersatz verjähren in sechs Monaten von dem Zeitpunkt an, in welchem der Anspruchsberechtigte von der Handlung und von der Person des Verpflichteten Kenntnis erlangt, ohne Rücksicht auf diese Kenntnis in drei Jahren von der Begehung der Handlung an. Für die Ansprüche auf Schadensersatz beginnt der Lauf der Verjährung nicht vor dem Zeitpunkt, in welchem der Schaden entstanden ist.

1. Unterlassungsanspruch und Schadenersatzanspruch.
2. Klagelegitimation.
3. Haftung des Prinzipals für den Angestellten.
4. Ansprüche auf Grund anderer Gesetzesvorschriften.
5. Verjährung.

1. Unterlassungsanspruch und Schadenersatzanspruch. Die Androhung der zivilrechtlichen Folgen der Zuwiderhandlung gegen das Zugabeverbot umfaßt wie bei anderen Tatbeständen des UWG.: Unterlassung bei nicht vorsätzlicher oder fahrlässiger (jedenfalls bei objektiver) Rechtsverletzung, aber Schadenersatz bei schuldhafter (vorsätzlicher und fahrlässiger), und Bestrafung — siehe § 3 — bei vorsätzlicher Rechtsverletzung.

Unter Einbeziehung des § 3 ergibt sich also folgende Reihe der Rechtsfolgen:

a) Bei schuldloser Zuwiderhandlung (jemand gibt verbotene Zugaben, ohne daß man ihm „Fahrlässigkeit" vorwerfen kann; z. B. wenn er die Unerlaubtheit nicht wissen konnte, was bei der Uneinheitlichkeit des vorliegenden Gesetzes sehr leicht möglich ist, vielleicht der Begriff der Zugabe in dem betreffenden Fall ganz unsicher ist, oder wenn er den

Sachverhalt nicht kannte und kein Verantwortlicher da ist): Unterlassungsanspruch. Der Unterlassungsanspruch bedeutet, daß der Zuwiderhandelnde verklagt werden kann, die schon begonnene Zugabegewährung, z. B. die Gewährung der angekündigten Zugabe, zu unterlassen und jede Wiederholung zu vermeiden; also sowohl in der schon veranlaßten Handlung innezuhalten, auch ihre Fortwirkung zu beseitigen, wenn dies möglich ist, wie auch natürlich keine neue gleiche oder gleichwertige zu beginnen. Der Nachweis eines besonderen Interesses an der Unterlassung durch den Klagenden ist nicht nötig (siehe unten zu 2).

b) Bei fahrlässiger Zuwiderhandlung: Unterlassungs- und Schadenersatzanspruch. Fahrlässig handelt, wer nicht vorsätzlich (absichtlich), aber doch unentschuldbar (verschuldet) die verbotene Zugabe ankündigt, anbietet oder gewährt. Mit Recht kritisiert Goldbaum (Komm. S. 43/44) die Verfehltheit einer Schadenersatzforderung bei nur fahrlässigem Handeln eines Zugebenden: erstens sei das eine viel zu scharfe Ahndung, zweitens aber sei gar nicht zu klären, wer geschädigt sei und in welchem Maße. Da (siehe unten zu 2) die Klage auch als Popularklage gegeben ist, könnte ja jeder Wettbewerber behaupten wollen, gerade ihm sei durch die Zugabepraxis des Beklagten Schaden erwachsen. Freilich ist die Gefahr in der Praxis nicht so groß; denn der Schade muß ja ziffermäßig nachgewiesen werden, der angeblich Geschädigte hat die Beweislast; er müßte also dem Gericht nachweisen, daß infolge der Zugabepraxis des Konkurrenten gerade er um so viel weniger (um wieviel?) verkauft und verdient habe. Maßgebend für den Schadenersatzanspruch sind die §§ 249 bis 259 BGB. und § 287 ZPO. (freie Würdigung und Schätzung durch das Gericht).

c) Bei vorsätzlicher Zuwiderhandlung: Unterlassungsanspruch, Schadensersatzanspruch, Strafbarkeit (siehe unten § 3 und Anm.). Eine Buße ist (im Gegensatz zum UWG.) hier nicht vorgesehen.

2. Klagelegitimation.

„Wie bei den entsprechenden Tatbeständen im Gesetz gegen den unlauteren Wettbewerb ist der Unterlassungsanspruch den Wettbewerbern gegeben, die Waren gleicher oder verwandter Art herstellen oder vertreiben (zu vgl. § 13 des Wettbewerbsgesetzes), mit der Besonderheit jedoch, daß hierbei auch Waren berücksichtigt werden, die von den Zuwiderhandelnden als Zugabeartikel gegeben werden. Denn es ist von Wichtigkeit, daß auch die durch die Gewährung von Zugabeartikeln benachteiligten Spezialgeschäfte, die solche Artikel als Hauptware vertreiben, sich gegen diese Beeinträchtigungen wehren können. Die übrigen Vorschriften im § 2 entsprechen der im § 13 des Wettbewerbsgesetzes für ähnliche Fälle bestehenden Regelung." (Begr.)

Die hierdurch festgesetzte Popularklage steht a) jedem zu, der sich geschädigt oder auch nur „auf den Fuß getreten" fühlt, weil er Waren oder Leistungen gleicher oder verwandter Art (wie die Haupt- oder die Zugabeware oder -leistung!) herstellt oder vertreibt, und b) den Verbänden zur Förderung gewerblicher Interessen, genau so, wie es der § 13 UWG. vorsieht. Es darf also für Einzelheiten auf Erläuterungen zu diesem § 13 UWG. in den betreffenden Kommentaren verwiesen werden.

Daß die Bedingung der Herstellung oder des Vertriebs gleicher (denn auch diese sind selbstverständlich mit eingeschlossen — arg. a maiori ad minus —), gleichartiger und verwandter Waren Rechtsunsicherheit der Abgrenzung des Umkreises der Aktivlegitimation mit sich bringt, ist klar. Der Wortlaut entspricht ja genau dem des § 13 UWG. Aber die Frage, was gleiche oder gleichartige Waren sind (siehe oben zu S. 48), büßt hier an Bedeutung und Schwierigkeit dadurch etwas ein, daß auch „verwandte" Waren und Leistungen genannt sind. Das bedeutet freilich ein hohes Maß von Ungenauigkeit, zeigt aber die Tendenz der Gesetzesvorschrift, die Aktivlegitimation zur Klage möglichst weit zu spannen. Im allgemeinen wird man als verwandte Waren und Leistungen solche ansehen, die in der Regel in dem gleichen Spezialgeschäft (nicht Warenhaus, Kaufhaus und dergl.) geführt oder geliefert werden. Diese Umgrenzung entspricht dem wettbewerblichen Charakter der Vorschrift.

Hier ist der (das Berufungsurteil des KG. vom 27. April 1931 — 31 U 1559. 31/18 — aufhebenden) Entsch. des RG. (II. Ziv.-Sen.) vom 15. Januar 1932 zu gedenken (RGZ. 135, 39 ff.). Diese hat — im Gegensatz zum KG. — die Klage des Schutzverbandes für Wertreklame gegen den Reichsausschuß für das Zugabeverbot abgewiesen. Es sei kein unlauterer Wettbewerb, wenn ein Plakat oder Flugblatt die preisverteuernde Wirkung der Zugaben ausspreche. Die Klage stützte sich auf die durch § 13 UWG. (ebenso wie nach § 2 Abs. 1 des neuen Gesetzes) gegebene Aktivlegitimation von Interessenverbänden. Daher kam für die Frage des unlauteren Wettbewerbs nur § 1 UWG. in Betracht. (Jetzt würde übrigens der Verband für jede Klage gegen Zugabeankündigung, -angebot oder -gewährung aktiv legitimiert sein — ohne Rücksicht darauf, ob unlauterer Wettbewerb vorliegt.) Es ist grundsätzlich niemandem verboten, sich in Wort und Schrift für die wirtschaftliche (nicht rechtliche) Berechtigung der Zugaben einzusetzen oder Kritik an dem neuen Gesetz zu üben; denn es ist der Hauptinhalt der RG.Entsch. vom 15. Januar 1932, daß „das verfassungsmäßige Recht der freien Meinungsäußerung im Falle der Vertretung wirtschaftspolitischer Anschauungen nicht durch die Vorschriften des Wettbewerbsgesetzes ausgeschlossen werden kann" (RGZ. 135, 42). Gleiches gilt auch nach Erlaß des Zugabeverbotsgesetzes, zumal dieses die Zugabe nicht für sittenwidrig erklärt, sondern eben ohne tiefere rechtsethische Begründung nur teilweise verbietet, teilweise erlaubt. Es bleibt also auch weiterhin der wirtschaftspolitischen Meinungsfreiheit unbenommen, so wie das RG. die Meinungsäußerung für Einführung eines Zugabeverbotsgesetzes für rechtmäßig erklärt (a. a. O. S. 43), so auch wieder für Änderung oder Abschaffung seiner Bestimmungen im wirtschaftspolitischen Kampfe einzutreten — unbeschadet der Tatsache, daß die Vorschriften eines geltenden Gesetzes natürlich tatsächlich befolgt werden müssen. Nicht zutreffend aber ist die Auffassung des RG., daß in solchem Kampf der Organisationen kein Verstoß gegen das Wettbewerbsgesetz zu erblicken sei, weil diese Organisationen nicht selbst geschäftlichen Wettbewerb trieben. Die Grenze ist hier doch sehr unsicher. Dieser „Meinungskampf" wirtschaftlicher Natur hat einen sehr starken wettbewerblichen Hintergrund, und die Verbände treten hier ganz deutlich in Vertretung der Wettbewerbsinteressen ihrer Mitglieder auf. Wenn dann noch, wie es geschehen ist, interessierte Firmen die Plakate, die die „Meinung", daß Zugaben eine „künstliche Verteuerung" der Waren herbeiführen, in den Geschäften anschlagen lassen, so ist hier kein Unterschied gegenüber einer Wettbewerbshandlung mehr zu erblicken. Zwar wird vom RG. mit Recht betont, daß es nicht sittenwidrig sei, bestrittene Überzeugungen auszusprechen, und daß nicht verlangt werden könne, man dürfe nur völlig beweisbare Thesen im Wirtschaftskampf aussprechen und verbreiten, aber das KG. hatte mit Recht dargelegt, daß „die allgemein gehaltene Behauptung, die Zugaben seien geeignet, die Preise künstlich hochzuhalten und den Preisabbau zu hemmen, für weiteste Volkskreise irreführend sei". „Dieses ganze Verhalten läßt im Zusammenhang mit der Art und Weise der Flugblätter und Plakate deutlich erkennen, daß es sich um eine — zum mindesten ihrem wesentlichen Zwecke nach — wettbewerbliche Maßnahme handelt, die dazu dient, eine Interessengruppe zum Vorteil einer anderen zurückzudrängen (RGZ. 79, 322)."

Es bedarf daher der Hervorhebung, daß sich das RG. — im Gegensatz zum KG. — in der genannten Entscheidung zu deutlich auf die Seite der Zugabegegner stellt. Es nimmt merkwürdigerweise die (gegenüber dem Gutachten des Reichswirtschaftsrats einseitig zugabengegnerische) „Begründung" des damals noch nicht erlassenen Zugabeverbotsgesetzes mit als Stütze seiner Ansicht, daß man sich gerade g e g e n die Zugaben frei aussprechen dürfe. Damit geht das RG. von der hohen Warte seines Hauptarguments — des Schutzes der wirklich freien Meinungsäußerung in umstrittenen Fragen — ab und widerspricht seiner Hauptthese von der verfassungsmäßigen freien Meinungsäußerung, wenn es dort einen parteiischen Unterschied für die Freiheit zu machen scheint und die Freiheit der Meinungsäußerung zu stark in wettbewerbliche Schädigung nach § 14 UWG. hineinbringen läßt. Ernstlich zu beanstanden ist jedenfalls, daß das RG. (a. a. O. S. 48 und S. 54) ohne Widerspruch die Äußerungen zitiert, daß die bisherige Rechtsprechung sich im Zugabewesen als nicht ausreichend erwiesen habe. Damit tritt es nicht nur zu dem III. Strafsenat (RGSt. 61, 58) in unbegründeten Gegensatz, sondern auch zu der bisherigen Rechtsprechung des eigenen (II. Zivil-) Senats, der, wie auch die neue Entscheidung beweist, auf diesem Gebiet Recht zu finden in der Lage war und ist, ohne daß das Zugabeverbotsgesetz vorhanden war.

3. Haftung des Prinzipals für den Angestellten (Abs. 1 Satz 2). Diese Bestimmung ist genau dem § 13 UWG. nachgebildet, der sie für Verstöße gegen §§ 1, 3, 6, 8, 10, 11, 12 UWG. vorgesehen hat. Der enge Zusammenhang des Zugabeverbotsgesetzes mit dem UWG. (siehe oben S. 26 ff., 33 ff.) ist also auch hierdurch erneut bestätigt. Im Gegensatz zu allgemeinen Rechtsregeln wird hier eine erhöhte Haftung für den Prinzipal, offenbar wegen der angeblichen Unlauterkeit oder Gemeinschädlichkeit der Zugaben, statuiert, auch ohne daß culpa in eligendo und custodiendo (Verschulden bei der Auswahl, Bestellung und Überwachung des Angestellten) des Prinzipals vorliegt. Auch durch Entlassung des Angestellten befreit sich der Prinzipal nicht von der Haftung für Geschehenes. Das bezieht sich aber nur auf den Unterlassungsanspruch; auf Schadenersatz haftet er nur, wenn er Mittäter, Anstifter oder Gehilfe ist (§ 830 BGB.; Exkulpation § 831 BGB.).

4. Ansprüche auf Grund anderer Gesetzesvorschriften (Abs. 3). Dieser Abs. 3 des § 2 sagt eigentlich Selbstverständliches. Nicht ganz klar stellt er das Verhältnis

dieser neuen Vo. zu dem UWG. (vgl. darüber auch oben S. 26 ff. und 59 ff.). Jedenfalls muß nach diesem Abs. 3 als zweifellos gelten, daß Fälle von Zugaben, die dieses neue Gesetz nicht regelt oder nicht vollständig regelt, auf Grund des UWG., z. B. § 1 und §§ 3, 4, sowie der §§ 823 und 826 BGB. beantwortet werden müssen. Die Generalklausel des § 1 UWG., und damit der Grundgedanke der Bekämpfung wettbewerblicher Sittenwidrigkeit, bleibt auch im Zugaberecht als Ergänzung. Ob er angesichts der sehr weitgehenden Bestimmungen des neuen Gesetzes viel Anwendungsmöglichkeiten im Zugaberecht finden wird, bleibe dahingestellt; aber jedenfalls ist durch diese Bestimmung die Tendenz des neuen Gesetzes, beim Zugabeverbot das Moment der Unlauterkeit und Sittenwidrigkeit beiseitezusetzen, durchbrochen und paralysiert. In Zweifelsfällen muß demnach § 2 Abs. 3 — die Frage also, ob eine Zugabe als wettbewerblich ungehörig (unlauter, sittenwidrig) anzusehen ist — zur Auslegung und Gesetzesanwendung mit herangezogen werden. Daß sich die neue Vo. teilweise außerhalb dieses Grundgedankens stellt und Zugaben ohne jede Rücksicht auf wettbewerbliche Sittenwidrigkeit verbietet, wurde schon oben in den Erläuterungen zu § 1 ausgeführt.

5. Verjährung. Die Fassung des Abs. 4 stimmt wörtlich überein mit § 21 UWG. Sachlich ist also auch damit wiederum die enge Verwandtschaft der Vo. mit dem Gegenstand des UWG. bestätigt.

Es handelt sich hier nur um die Verjährung der zivilrechtlich verfolgbaren Ansprüche (Unterlassung und Schadenersatz), die der strafrechtlichen (siehe § 3) richtet sich nach §§ 66 ff. StGB. Bei Wiederholung einer Zuwiderhandlung beginnt eine neue Verjährungsfrist zu laufen. Die Verjährung des Schadenersatzanspruches beginnt, wenn schädigendes Tun und Schadenseintritt nicht zusammenfallen, erst mit letzterem; das kann besonders dann in Betracht kommen, wenn die schädliche Folge einer zunächst nicht so schwer genommenen Verletzung erst später erkennbar wird. Geltendmachung der Ansprüche unterbricht die Verjährung (§§ 280 ff. BGB.).

§ 3.

Wer vorsätzlich den Vorschriften des § 1 zuwiderhandelt, wird, sofern die Tat nicht nach anderen Vorschriften mit schwererer Strafe bedroht ist, mit Geldstrafe bestraft.

Die Strafverfolgung tritt nur auf Antrag ein. Das Recht, den Strafantrag zu stellen, hat selbständig jeder der im § 2 Abs. 1 bezeichneten Gewerbetreibenden und Verbände. Die Zurücknahme des Antrags ist zulässig.

Wird auf Strafe erkannt, so kann angeordnet werden, daß die Verurteilung auf Kosten des Schuldigen öffentlich bekanntzumachen ist.

1. Vorsatz.
2. Antragsdelikt.
3. Öffentliche Klage.

1. Vorsatz. „Vorsätzlich handelt, wer in Voraussehung der tatsächlichen und rechtlichen Tragweite seines Verhaltens pflichtwidrig handelt." (Liszt-Schmidt, Lehrb. d. Strafrechts [1932] S. 253.) Strafbarkeit von Verstößen gegen das Zugabeverbot wird, da Vorsatz die Kenntnis der tatsächlichen und rechtlichen Tragweite des Verstoßes verlangt, nur in ganz klar liegenden, sog. eklatanten, Fällen vorliegen, z. B. nach geschehener Verwarnung oder im Rückfall. Da aber das Zugabeverbot nicht auf allgemeiner sittlicher Überzeugung beruht, sondern sowohl im ganzen sehr umstritten wie im einzelnen durch die Vo. selbst mit zahlreichen und zum Teil schwer abzugrenzenden Ausnahmen durchsetzt ist, so treten hier ganz besonders die Streitfragen um den sog. Strafrechtsirrtum, das Bewußtsein der Rechts-

widrigkeit usw. modifizierend auf. Für ein ähnlich liegendes Gebiet (die Höchstpreisverordnung) sagt mit Recht Artur Wegner im HdR. III, 377: „Der Irrtum über eine solche Höchstpreisverordnung ist ein Irrtum über eine Strafdrohung, nach der Rechtsprechung des Reichsgerichts also ein unbeachtlicher Strafrechtsirrtum. Die Einsicht, daß solche Rechtsprechung zu hart und ungerecht ist, führte zu der bekannten Rechtsirrtumsverordnung vom 18. Januar 1917. Diese blieb aber in Halbheiten, also im besonders Falschen stecken (vgl. Binding, LZ. 1917 Sp. 1, 297 ff.). Die richtige Lösung kann nur sein, den entschuldbaren wie den unentschuldbaren Irrtum über die rechtliche Regelung, die einen Tatsachenkomplex erst geschaffen hat, als Tatirrtum mit vorsatzausschließender Wirkung zu behandeln." Für die Anwendung des § 3 (Strafbarkeit der Zuwiderhandlung gegen § 1 des Zugabeverbotsgesetzes) muß man sich dieser Ansicht Wegners durchaus anschließen. Es werden also sehr viele Verstöße, was das Verschulden betrifft, zu den fahrlässigen gerechnet werden müssen, sofern nur Zweifel über die Tragweite der Vo., z. B. des Begriffs der Zugabe, des Umfangs einer unklar gefaßten Ausnahme und dergl., berechtigt sind. Auch für den Eventualdolus kann mithin kein großes Anwendungsgebiet gegeben sein, sofern nur irgendwie von dem „Täter", d. h. dem die Zugabe Gewährenden oder Ankündigenden, ehrlich versucht worden ist, in den Grenzen der zugelassenen Ausnahmen (Rabatt usw.!) zu bleiben.

2. Antragsdelikt. Abs. 2 ist dem Abs. 1 des § 22 UWG. nachgebildet. Es sind also die Kommentare zu § 22 UWG. zu vergleichen. In diesem § 22 waren einige Tatbestände als Offizialdelikt ausgenommen. Das Zugabegesetz kennt nur Antragsdelikte, sieht mithin wohl im allgemeinen die Strafbarkeit milder an (was mit den obigen Ausführungen zu 1 übereinstimmt). Antragsberechtigt ist nicht nur der wirklich Verletzte, sondern auch der Bedrohte und Beengte und der Hüter der Loyalität, was daraus hervorgeht, daß — wie nach § 13 UWG.

(siehe oben Anm. 2 zu § 2) — jeder, der gleiche oder verwandte Waren oder Leistungen herstellt oder feilhält, sowie die Interessenverbände antragsberechtigt sind. Für die Stellung des Strafantrags (bei Gericht oder Staatsanwaltschaft) gilt § 158 StPO.

3. Die öffentliche Klage soll von der Staatsanwaltschaft nur erhoben werden, wenn dies im öffentlichen Interesse liegt (§ 376 StPO.). Da die Strafverfolgung für alle Verstöße gegen das Zugabeverbot von Anträgen der privaten Berechtigten abhängig gemacht ist, so ist damit bereits festgestellt, daß diese Verstöße in der Regel nicht das öffentliche Interesse berühren. Dieses wird vielmehr nur bei krassen Fällen, die sich als unlauterer Wettbewerb darstellen, der Fall sein (das Zugabeverbot ist ja in dieser Vo. nicht unter den Gesichtspunkt grundsätzlicher Unlauterkeit gestellt!). Mithin ist auch die Allgemeine Verfügung des Preußischen Justizministers vom 16. August 1927 nicht auf Verstöße gegen das Zugabeverbot anzuwenden, wonach „bei allen Zuwiderhandlungen gegen das Wettbewerbsgesetz dann, wenn ein Verband zur Förderung gewerblicher Interessen den Strafantrag stellt, in der Regel ein öffentliches Interesse an der Strafverfolgung anzunehmen ist". Das trifft also nur auf solche Verstöße gegen das Zugabeverbot zu, die abgesehen von § 1 dieses Gesetzes nach Bestimmungen des UWG. als ungehörig (unlauter) verfolgt werden können. Denn wenn ein Verband sich eines Verstoßes gegen das UWG. annahm, so handelte es sich um einen einschneidenden, im öffentlichen Interesse liegenden Fall, während beim Zugabewesen auch heute noch, nach Erlaß der neuen Vo., die Meinungen über die Schädlichkeit der Zugabe und über die Umgrenzung des Zugabeunwesens weit auseinandergehen und Interessenverbände bereit erscheinen, im Sinne des Meinungskampfes den Strafantrag zu stellen.

Der nach § 2 Abs. 1 Berechtigte kann sich der öffentlichen Klage jederzeit als Nebenkläger anschließen (§§ 395 ff. StPO.).

Über die Privatklage siehe § 4.

§ 4.

Vergehen gegen § 3 können im Wege der Privatklage verfolgt werden. Die allgemeinen Vorschriften über die Privatklage finden Anwendung.

Die Privatklage steht (§ 374 StPO.) jedem zu, dem das Recht, selbständig auf Bestrafung anzutragen, beigelegt ist. Ja es ist jeder dieser Berechtigten vom anderen unabhängig und kann ohne weiteres seinerseits Privatklage erheben; ist diese jedoch von einem Berechtigten erhoben worden, so steht den übrigen nur der Beitritt zu dem eingeleiteten Verfahren zu (§ 375 StPO.).

§ 374 Abs. 1 StPO. lautet:

„Im Wege der Privatklage können vom Verletzten verfolgt werden, ohne daß es einer vorgängigen Anrufung der Staatsanwaltschaft bedarf:

1. . . ." (Nun werden acht Positionen aufgeführt, unter denen als Nr. 7 die nach dem Gesetz gegen den unlauteren Wettbewerb strafbaren Vergehen und als Nr. 8 alle Verletzungen des literarischen, künstlerischen und gewerblichen Urheberrechts, soweit sie als Vergehen strafbar sind, genannt sind.)

Durch § 4 reiht die Vo. ihre Straftatbestände eng an die Materie des gewerblichen Rechtsschutzes einschließlich des unlauteren Wettbewerbs. Es handelt sich um die sog. prinzipale Privatklage.

Die Betonung in § 3 Abs. 2, daß jeder der in § 2 Abs. 1 bezeichneten Gewerbetreibenden und Verbände „selbständig" strafantragsberechtigt ist, stellt ebenfalls die Verbindung zu § 374 StPO. Abs. 2 dar (siehe Anm. 3 zu § 3).

§ 5.

Die Vorschriften dieses Teiles treten drei Monate nach der Verkündung in Kraft. Unberührt bleiben die Ansprüche aus Zugabegeschäften, die vor dem Inkrafttreten eingeleitet worden sind.

1. Übergangsfrist.
2. Eingeleitete Geschäfte.

1. Übergangsfrist.

„§ 5 nimmt, um möglichst schnell zu einer Beruhigung des durch die Zugabenmißbräuche gestörten Geschäftslebens zu gelangen, einen verhältnismäßig naheliegenden Termin für das Inkrafttreten des Gesetzes in Aussicht, der andererseits für die beteiligten Gewerbetreibenden ausreichen wird, um sich auf die neue Rechtslage umzustellen. Die im Anschluß daran gegebenen Übergangsvorschriften sollen den Bedürfnissen der zugabegewährenden Firmen und des Publikums in bezug auf die Abwicklung laufender Zugabegeschäfte Rechnung tragen." (Begr.)

2. Eingeleitete Geschäfte. In einem gewissen Zusammenhang mit der Frage der Übergangsfrist steht die Frage, ob bereits eingeleitete Zugabegewährungen nach Erlaß der Vo. rückgängig gemacht werden müssen. Das ist nicht der Fall. „Eingeleitet" bedeutet nicht einmal dasselbe wie eine begonnene Handlung. Als „eingeleitet" sind schon diejenigen Handlungen anzusehen, die vertraglich festgelegt worden sind. Wenn also Gutscheine in bereits in den Handel gebrachten Warenpackungen liegen, so besteht kein Zweifel, daß a) diese Waren weiter im Handel bleiben dürfen, b) die Gutscheine auch noch eingelöst werden müssen. Denn auf letzteres hat der Käufer einen Rechtsanspruch. Fraglich kann nur sein, ob die Beigabe des Gutscheins in den Waren, die noch

in der Hand (auf dem Lager) des die Zugabe Gewährenden (nicht des Wiederverkäufers) sich befinden, beseitigt werden muß, auch wenn die Entfernung mit erheblichen Kosten, z. B. mit Vernichtung der Verpackung und deren Ersatz durch neue Verpackung, verbunden ist. Dies wird sicherlich dann nicht verlangt werden können, wenn dieser Beigabe ein Zugabegeschäft mit einem Dritten zugrunde liegt. Solche Geschäfte müssen noch abgewickelt werden, denn die Vo. spricht von „Zugabegeschäften", die schon eingeleitet sind. Es wird jeweils im einzelnen Fall zu prüfen sein, ob ein solches „Zugabegeschäft" vorliegt, das bereits eingeleitet war. — Nicht übersehen werden darf aber auch hier, daß dies überhaupt nur bei unerlaubten Zugaben, nicht bei den genehmigten Ausnahmen (z. B. Rabatt durch Gutscheine auf die gleiche Ware) fraglich ist.

Sachregister.

(Die Zahlen bedeuten die Seiten.)

Otto Walter, Buchdruckerei, Berlin S 14

Nachweis wichtiger Gesetzesausgaben

mit und ohne Erläuterungen, größere und kleinere Kommentare, Lehrbücher, Sammelwerke, Entscheidungssammlungen, Zeitschriften

Verlag Walter de Gruyter & Co., Berlin W 10 Genthiner Str. 38

Herbst 1931

Inhaltsübersicht

I. Allgemeines, Sammelwerke.

Handwörterbuch der Rechtswissenschaft. Unter Mitberatung von Reichsgerichtspräsident Dr. Dr. E. Bumke, Reichsgerichtsrat Dr. L. Busch, Oberreichsanwalt Prof. Dr. Dr. L. Ebermayer, Geh. Rat Professor Dr. Dr. Fr. Endemann, Geh. Justizrat Professor Dr. Dr. E. Heymann, Senatspräsident am Reichsgericht Dr. O. Strecker, Präsident des Bayerischen Obersten Landesgerichts Staatsrat Dr. K. v. Unzner †, herausgegeben von Dr. jur. **Fritz Stier-Somlo**, o. Professor an der Universität Köln, und Dr. jur. **Alexander Elster**, Berlin. 6 Bände. Lexikon-Oktav. 1926/29. In Halbleder geb. RM. 304.—

Hierzu erschien 1931 ein **Ergänzungsband.** RM. 37.—, in Halbleder geb. RM. 43.—, der nicht weniger als 228 Stichworte enthält. Neben allen durch die Rechtsentwicklung gebotenen Ergänzungen zu den im Hauptwerk behandelten Themen findet sich noch eine Anzahl neuer Aufsätze, die der eine oder andere Leser vielleicht vermißt hat. Das HdR. ist also ein stets auf der Höhe der Rechtsentwicklung stehendes Kompendium des gesamten Rechts.

„Es zeigt sich doch jetzt immer mehr, daß Ihr Handwörterbuch ein ganz großer Wurf war. Wie ich höre, wird es auch in der Praxis in steigendem Maße benutzt." Professor Dr. Nipperdey, Köln.

Die Reichsgerichtspraxis im deutschen Rechtsleben. Festgabe der juristischen Fakultäten zum 50jährigen Bestehen des Reichsgerichts (1. Oktober 1929), unter Mitwirkung der Professoren Gerhard Anschütz, Heidelberg, Ernst Heymann, Berlin, Theodor Kipp, Berlin, Wilhelm Kisch, München, Alfred Schultze, Leipzig, Heinrich Siber, Leipzig, herausgegeben von Otto Schreiber, weiland Professor in Königsberg i. Pr. 6 Bde. Groß-Oktav. 1929.
Geh. RM. 110.—, in Halbfranz geb. RM. 134.—

I. Band: Öffentliches Recht. II. Band: Zivil- und Handelsrecht. III. Band: Zivil- und Handelsrecht (Fortsetzung). IV. Band: Handels- und Wirtschaftsrecht. V. Band: Strafrecht und Strafprozeß. VI. Band: Zivilprozeßrecht.

Die Bände werden einzeln abgegeben.

Mit dieser umfangreichen Festgabe wird eine große, systematisch geordnete Reihe hervorragender Monographien veröffentlicht, die durchweg besonders wichtige und schwierige Fragen aus allen Teilen des Rechts behandeln.

Fünfzig Jahre Reichsgericht am 1. Oktober 1929. Von Dr. Adolf **Lobe**, Senatspräsident am Reichsgericht i. R., M. d. R. unter Mitarbeit von Mitgliedern und Beamten des Reichsgerichts, der Reichsanwaltschaft und der Rechtsanwaltschaft am Reichsgericht. Mit 14 Porträts und 15 Abbildungen. Lexikon-Oktav. VI, 436 Seiten. 1929.
RM. 20.—, in Halbfranz RM. 24.—

Von den beiden Festschriften „Lobe, Fünfzig Jahre Reichsgericht" und der Festgabe der juristischen Fakultäten gibt die vorliegende ein Bild der organisatorischen Gestaltung des Reichsgerichts und seiner Einrichtungen, in deren Schutz sich seine Aufgaben und seine Arbeit gestalten. Ausführlicher Prospekt mit Inhaltsverzeichnis kostenlos.

Bürgerliches Rechtslexikon. (Nach dem Bürgerlichen Gesetzbuch, dem Handelsgesetzbuch und sonstigen Reichs- und Landesgesetzen.) Von **E. Christiani**, weil. Amtsgerichtsrat. Vierte, durchgearbeitete und verbesserte Auflage von Dr. Alexander **Elster**, Rechtsanwalt Dr. Hugo **Hoormann**, Amtsgerichtsrat Georg **Krause**, Lexikon-Oktav. IV, 474 Seiten. 1930 . . . . Geb. RM. 15.—

„Wir kennen kein zweites Werk, das das gleiche Material in so kurzer, trefflicher und verständlicher Weise enthält und das so brauchbar wäre wie das hiermit warm empfohlene Buch."

Zeitschrift für das gesamte Gebiet der direkten Steuern.

Hedemann, J. W., **Einführung in die Rechtswissenschaft.** Zweite, erweiterte und umgestaltete Auflage. Oktav. XXII, 566 Seiten. 1927. (Lehrbücher und Grundrisse der Rechtswissenschaft Bd. IX.)
RM. 14.—, geb. RM. 16.—

„. . . Das Buch Hedemanns, welches die Aufgabe einer Einführung am reichsten und umfassendsten auffaßt und löst . . ."

Juristische Wochenschrift.

Wegner, Arthur, **Einführung in die Rechtswissenschaft.**

I. Band: Aufbau des Rechtes, geschichtlich und systematisch. Rechtswissenschaftliche Arbeitsweise. Bürgerliches Recht. Handelsrecht. Arbeitsrecht. 144 Seiten. 1931. (Sammlung Göschen Bd. 1047.)
Geb. RM. 1.80

II. Band: Drei Bücher Öffentliches Recht: Staat, Völkergemeinschaft, Kirche. 140 Seiten. 1931. (Sammlung Göschen Bd. 1048.)
Geb. RM. 1.80

Schröder, Richard, und **Künßberg,** F., **Lehrbuch der deutschen Rechtsgeschichte.** Sechste, verbesserte Auflage. Groß-Oktav. Mit einer Abbildung im Text, fünf Tafeln und einem Bildnis. 1124 Seiten. 1922.
RM. 26.—, in Halbleder geb. RM. 30.—

Dieses bekannte Lehrbuch hat sich seit langen Jahren bestens bewährt.

Fehr, Hans, **Deutsche Rechtsgeschichte.** Zweite, verbesserte und ergänzte Auflage. Oktav. 416 Seiten. 1925. (Lehrbücher und Grundrisse der Rechtswissenschaft Bd. X.) RM. 13.—, geb. RM. 14.50

Das Buch gibt eine plastische Darstellung der deutschen Rechtsgeschichte, die eine Anhäufung von Stoff ausdrücklich vermeidet, vielmehr das Schwergewicht auf eine mehr ideengeschichtliche Behandlung des Gegenstandes legt.

Schröder, Richard, und **Glitsch,** Heinrich, **Deutsche Rechtsgeschichte.** Zweite Auflage. Neudruck.

I. Bis zum Ende des Mittelalters. 160 Seiten. 1929. (Sammlung Göschen Bd. 621.) . . . . Geb. RM. 1.80

II. Die Neuzeit. 90 Seiten. 1929. (Sammlung Göschen Bd. 664.)
Geb. RM. 1.80

Eine gemeinverständliche kurze Darstellung der deutschen Rechtsgeschichte.

Giese, Friedrich, **Preußische Rechtsgeschichte.** Übersicht über die Rechtsentwicklung der preußischen Monarchie und ihrer Landesteile. Ein Lehrbuch für Studierende. Groß-Oktav. 256 Seiten. 1920.
RM. 5.—, geb. RM. 6.50

„Das Buch ist nicht ein, sondern das (bisher fehlende) Lehrbuch der preußischen Rechtsgeschichte."

Dr. Karl Strupp im „Verwaltungsarchiv"

von Mayr, Robert, **Römische Rechtsgeschichte.** I. Buch. Die Zeit des Volksrechtes. 1. Hälfte: Das öffentliche Recht. 150 Seiten. 1912. (Sammlung Göschen Bd. 577.) . . . . Geb. RM. 1.80
2. Hälfte: Das Privatrecht. 117 Seiten. 1912. (Sammlung Göschen Bd. 578.) . . . . Geb. RM. 1.80
II. Buch: Die Zeit des Amts- und Verkehrsrechtes. 1. Hälfte: Das öffentliche Recht. 158 Seiten. 1912. (Sammlung Göschen Bd. 645.)
Geb. RM. 1.80

2. Hälfte: Das Privatrecht I. 122 Seiten. 1913. (Sammlung Göschen Bd. 646.) . . . . Geb. RM. 1.80
Das Privatrecht II. 150 Seiten. 1913. (Sammlung Göschen Bd. 647.) Geb. RM. 1.80
III. Buch. Die Zeit des Reichs- und Volksrechtes. 111 Seiten. 1913. (Sammlung Göschen Bd. 648.) . . . . Geb. RM. 1.80
IV. Buch. Die Zeit der Orientalisierung des römischen Rechtes. 155 Seiten. 1913. (Sammlung Göschen Bd. 697.) . . . . Geb. RM. 1.80

Schott, Richard, **Hilfsbüchlein für die Vorlesungen über Institutionen, Geschichte und Zivilprozeß des römischen Rechts.** Oktav. 42 Seiten. 1931 . . . . RM. 1.60

Das „Hilfsbüchlein" ist aus dem vorwiegend für die romanistischen Vorlesungen und Übungen der Breslauer Universität benutzten „Hilfsbüchlein für den römischen Zivilprozeß" von Schott, Fischer und Bruck hervorgegangen, das bereits in mehreren Auflagen erschien. Es enthält in seiner neuen Form Urkunden aus dem römischen Recht, die dem Studenten einen lebendigen Eindruck von der Entwicklung der Gesetzestechnik und der Abwicklung von Rechtsgeschäften vermitteln sollen. Trotz der aus Preisrücksichten gebotenen Beschränkung in der Auswahl wurde auf eine recht vielseitige Beispielgebung geachtet. Das Heft ist von besonderem Wert als Material für die durch die Studiumreform eingeführten Besprechungsstunden.

Stammler, Rudolf, **Lehrbuch der Rechtsphilosophie.** Dritte, vermehrte Auflage. Groß-Oktav. XVI, 396 Seiten. 1928. RM. 13.—, geb. RM. 15.—

„. . . Ein Werk aus einem Gusse, ein herbes Werk von größter wissenschaftlicher Strenge, eine Schule, durch die jeder gehen muß, der mit den rechtsphilosophischen Problemen der Gegenwart ringt." *Schweizerische Juristenzeitung.*

Stammler, Rudolf, **Rechts- und Staatstheorien der Neuzeit.** Leitsätze zu Vorlesungen. Zweite, vermehrte und verbesserte Auflage. Oktav. IV, 116 Seiten. 1925. . . . . RM. 3.50, geb. RM. 4.50

Ein unentbehrlicher Führer durch die Rechts- und Staatstheorien der Neuzeit.

Stammler, Rudolf, **Wirtschaft und Recht nach der materialistischen Geschichtsauffassung.** Eine sozialphilosophische Untersuchung. Fünfte, durch einen Nachtrag ergänzte Auflage. Oktav. VIII, 704 Seiten. 1924. . . . . RM. 14.—, geb. RM. 16.—

„Das Werk Stammlers darf den Ruhm in Anspruch nehmen, unter allen Büchern, die in der letzten Zeit auf dem hier in Betracht kommenden Gebiet erschienen sind, die stärkste Wirkung hervorgebracht zu haben." *Historische Zeitschrift.*

Friedrichs, Karl, **Der Allgemeine Teil des Rechts.** Eine Darstellung der gemeinsamen Lehren des öffentlichen und des privaten Rechts. Groß-Oktav. X, 306 Seiten. 1927. . . . . . . RM. 12.—, geb. RM. 13.50

„Eine solche Arbeit fehlte bisher in der juristischen Literatur. Friedrichs ist wie kein anderer berufen, eine grundlegende Arbeit über dieses Gebiet zu schreiben." *Mitteilungen des Preuß. Richtervereins.*

Maas, Georg, und **Magnus**, Julius, **Abkürzungsverzeichnis der Rechtssprache.** Abkürzungen der Bezeichnungen von Rechtsquellen, Behörden, Entscheidungen usw. des deutschen und österreichischen Rechts. Oktav. IV, 140 Seiten. 1929. . . . . RM. 4.—

„Bis jetzt fehlte eine Zusammenstellung, die in zuverlässiger Weise die gebräuchlichsten Abkürzungen wiedergab. Diese Lücke füllt das neue Buch in glücklicher Weise aus." *Der junge Rechtsgelehrte.*

Endemann, Friedrich, **Grundriß des römischen Privatrechts.** Oktav. X, 256 und 30 Seiten. 1925. (Lehrbücher und Grundrisse der Rechtswissenschaft Bd. XII.) . . . . RM. 9.—, geb. RM. 10.50

„. . . ein nach jeder Richtung hochstehendes Werk."
Der junge Rechtsgelehrte.

Stammler, Rudolf, **Aufgaben aus dem römischen Recht.** Der „Institutionenübungen für Anfänger" vierte Auflage. Oktav. IV, 92 Seiten. Mit Figuren im Text. 1919 . . . . Geb. RM. 5.—

Zum selbständigen Einarbeiten in das System des römischen Privatrechts.

II. Bürgerliches Recht

1. Bürgerliches Gesetzbuch

Lehmann, Heinrich, **Allgemeiner Teil des Bürgerlichen Gesetzbuches.** Dritte, vermehrte und verbesserte Auflage (9. bis 12. Tausend). Oktav. XIV, 439 Seiten. 1928. (Lehrbücher und Grundrisse der Rechtswissenschaft Bd. I.) . . . . RM. 12.—, geb. RM. 13.50

„Es liegt ein großer pädagogischer Wert in diesem Buch. Es wird sich unter den Studenten rasch großer Beliebtheit erfreuen."
Das Recht.

Leonhard, R., **Der Allgemeine Teil des Bürgerlichen Gesetzbuches** in seinem Einflusse auf die Fortentwicklung der Rechtswissenschaft. Groß-Oktav. XVI, 537 Seiten. 1900. (Recht des Bürgerlichen Gesetzbuches in Einzeldarstellungen Nr. X.) . . . . RM. 10.—

Die Sammlung „Recht des Bürgerlichen Gesetzbuches" umfaßt systematische Darstellungen des BGB. aus der Feder erster Juristen der Wissenschaft und Praxis.

Oertmann, Paul, **Allgemeiner Teil des Bürgerlichen Gesetzbuches.**
I. Einleitung. Lehre von den Personen und von den Sachen. Dritte, verbesserte Auflage. 136 Seiten. 1926. (Sammlung Göschen Bd. 447.) Geb. RM. 1.80
II. Erwerb und Verlust, Geltendmachung und Schutz der Rechte. Dritte, verbesserte Auflage. 147 Seiten. 1928. (Sammlung Göschen Bd. 448.) . . . . Geb. RM. 1.80

Nach der die Vorgeschichte des BGB. und einzelne für seine Bedeutung und Anwendung wichtige Hauptfragen behandelnden Einleitung bespricht der Verfasser die Lehre von den Personen und von den Sachen. Er verarbeitet den Inhalt der einzelnen Gesetzesparagraphen wissenschaftlich und erörtert dabei auch mehrfach Fragen, die im BGB. selbst nicht geregelt, höchstens gestreift werden.

Plancks Kommentar zum Bürgerlichen Gesetzbuch nebst Einführungsgesetz. Bisher herausgegeben von E. Strohal. Bearbeitet von E. Brodmann, L. Busch, J. Ebbecke, F. Flad, M. Greiff, K. Gunkel, P. Knoke, M. Landois, A. Lobe, Fr. Oegg, H. Siber, O. Strecker, K. von Unzner. Vierte, völlig neubearbeitete Auflage. Lexikon-Oktav. Bisher sind erschienen:
I. Band: Allgemeiner Teil. 606 Seiten. 1913. RM. 15.—, geb. RM. 17.—
II. Band, 1. Hälfte: Recht der Schuldverhältnisse. (Allgemeiner Teil.) 640 Seiten. 1914 . . . . RM. 15.—, geb. RM. 17.—
II. Band, 2. Hälfte: Recht der Schuldverhältnisse. (Besonderer Teil.) 1296 Seiten. 1928 . . . . RM. 49.—, geb. RM. 52.—
III. Band: Sachenrecht . . . . Neue Auflage im Druck.
IV. Band: Familienrecht. 1. Hälfte §§ 1297—1588. 701 Seiten. 1928. RM. 26.—, geb. RM. 28.—

V. Band: Erbrecht. Vierte, völlig neubearbeitete Auflage. Groß-Oktav. XII, 1136 Seiten. 1930 . . RM. 51.—, geb. RM. 54.—

„Für jeden Praktiker, der tiefer in den Rechtsstoff eindringen muß, um die zur Entscheidung stehende Frage zu prüfen, ist Plancks Kommentar immer ein zuverlässiger Ratgeber und seine Erläuterung und Meinung von hohem Wert und Gewicht, stets sorgfältiger Beachtung wert." Zentralblatt für freiwillige Gerichtsbarkeit.

Das Bürgerliche Gesetzbuch mit besonderer Berücksichtigung der Rechtsprechung des Reichsgerichts. Erläutert von Dr. Busch, Erler, Dr. Lobe, Michaelis, Oegg, Sayn, Schliewen und Seyffarth, Reichsgerichtsräten und Senatspräsidenten am Reichsgericht. Siebente, unveränderte Auflage. 5 Bände. §§ 1—2385. Lexikon-Oktav. 3182 Seiten. 1928 . . . . In Halbleder geb. RM. 150.—

I. Band: Allgemeiner Teil. Recht der Schuldverhältnisse I. (Allgemeiner Teil.) — **II. Band:** Recht der Schuldverhältnisse II. (Einzelne Schuldverhältnisse.) — **III. Band:** Sachenrecht. — **IV. Band:** Familienrecht. — **V. Band:** Erbrecht. Alphabetisches Sachverzeichnis.

(Das Werk wird nur komplett abgegeben.)

„Eine neue Auflage dieses für die Praxis wertvollsten Kommentars ist ein Ereignis für die Juristenwelt." Blätter für Rechtspflege im Bezirk des Kammergerichts.

Achilles-Greiff, Bürgerliches Gesetzbuch nebst Einführungsgesetz. Mit Einleitung, Anmerkungen und Sachregister. Nach dem Tode des ersten Herausgebers Dr. A. Achilles in Verbindung mit J. Altstötter, Oberamtsrichter in München, O. Meyer, Oberlandesgerichtspräsident in Celle, Dr. J. Kieckebusch, Land- und Amtsgerichtsrat in Kassel, Dr. O. Strecker, Senatspräsident am Reichsgericht i. R. in Leipzig, herausgegeben von Dr. M. Greiff, Wirkl. Geh. Oberjustizrat, Oberlandesgerichtspräsident i. R. in Berlin. Dreizehnte, vermehrte und verbesserte Auflage. Mit Erläuterungen der Verordnung über das Erbbaurecht, des Gesetzes über die religiöse Kindererziehung und des Gesetzes für Jugendwohlfahrt. Groß-Oktav. XXIII, 1304 Seiten. 1930. (Guttentagsche Sammlung Deutscher Reichsgesetze Bd. 38/39.) . . . . . Geb. RM. 24.—, in Halbleder geb. RM. 26.—

„Das ausgezeichnete Buch, das einer weiteren Empfehlung kaum bedarf, wird seine führende Stellung unter den Handausgaben ohne Zweifel behaupten." Juristische Rundschau.

Bürgerliches Gesetzbuch nebst Einführungsgesetz. Vom 18. August 1896 mit Berücksichtigung der bis zum 1. Januar 1928 ergangenen Abänderungen. Textausgabe mit ausführlichem Sachregister. Sechzehnte Auflage. (61. bis 66. Tausend). Taschenformat. 758 Seiten. 1928. (Guttentagsche Sammlung von Textausgaben ohne Anmerkungen mit Sachregister.) . . . . Geb. RM. 2.80

Die vorliegende Ausgabe zeichnet sich durch Vollständigkeit und besondere Ausführlichkeit des Sachregisters aus.

Schulz, F. H., Bürgerliches Gesetzbuch. Taschenformat. XI, 682 Seiten. 1930 . . . . Geb. RM. 8.—
(Lehrausgaben Deutscher Gesetze, Bd. I.)

Dieser Band bringt auch die Bezeichnung der entsprechenden römisch-rechtlichen bzw. gemeinrechtlichen Institute und verwirklicht damit einen Gedanken, der eigentlich wohl schon vor dreißig Jahren hätte ausgeführt werden sollen.

Lindemann, Otto, Ausführungsgesetz zum Bürgerlichen Gesetzbuche vom 20. September 1899 nebst einem Anhang: Verordnung zur Ausführung des Bürgerlichen Gesetzbuchs vom 16. November 1899. Nach dem Tode des früheren Herausgebers Kammergerichtsrat Dr. P. Siméon, erläutert von Geh. Oberjustizrat Otto Lindemann, Ministerialdirektor im Pr. Justizministerium. Vierte Auflage. Taschenformat. 208 Seiten. 1930. (Guttentagsche Sammlung Preußischer Gesetze Bd. 23.) Geb. RM. 5.—

Die neue Auflage kommt im richtigen Augenblick, um dem fühlbaren Mangel an neuen Bearbeitungen der Ausführungsgesetze zum Bürgerlichen Gesetzbuch abzuhelfen. Sie ist völlig neu bearbeitet und nach den Ergebnissen von Gesetzgebung und Rechtsprechung bis in die jüngste Zeit ergänzt.

Juristischer Anschauungsstoff. Herausgegeben von Helmut Rühl, o. Prof. d. Rechte a. d. Handelshochschule Mannheim.
Heft 1:
Rühl, H., Bürgerliches Recht und Arbeitsrecht. Groß-Oktav. VIII, 148 Seiten. 1931 . . . . RM. 4.—

In der Sammlung „Juristischer Anschauungsstoff" werden für den Gebrauch im akademischen Unterricht Urkunden aus der Rechtspraxis zusammengestellt. So bringt das erste Heft 140 typische Beispiele für fast jedes Rechtsinstitut des BGB. und des Arbeitsrechts (Registereintragungen, Geschäftsbedingungen, Tarifverträge, Satzungen usf.). Die Anordnung folgt dem Gang des Gesetzes. Die gewählten Beispiele sind für die Praxis kennzeichnend. Sie gewähren einen Einblick in das lebendige Recht und zeigen die Abwandlung des Gesetzes durch die Wirtschaft.

Schück, Richard, Zivilrechtspraktikum. Zum Selbststudium und zum Lehrgebrauch. Vierte, vermehrte Auflage. Herausgegeben von Gustav Schreiber. Groß-Oktav. 160 Seiten. 1930. Geb. RM. 6.—

Das „Schücksche Zivilrechtspraktikum" bringt in einem billigen Band über 600 Fälle aus allen fünf Büchern des BGB. und dem Einführungsgesetz. Es hat sich seit seinem Erscheinen durch seine praktische Auswahl überall durchgesetzt und durch drei Auflagen hindurch bewährt. Die vorliegende vierte Auflage weist eine Anzahl Ergänzungen auf, die aber durch die besondere Art ihrer Einordnung den Gebrauch mehrerer Auflagen nebeneinander nicht stören.

von der Mosel, Heinrich, Lösungen zu dem von Kammergerichtsrat Dr. Richard Schück herausgegebenen **Zivilrechtspraktikum.** Nach dem Bürgerlichen Gesetzbuch bearbeitet für Studierende und Referendare. Fünfte Auflage. Oktav. 227 Seiten. 1931. RM. 6.—, kart. RM. 6.50

Die Lösungen behandeln fast alle in dem Praktikum enthaltenen Fälle.

v. Schwerin, Cl., Frhr., Grundzüge des deutschen Privatrechts. Zweite Auflage. Oktav. XII, 342 Seiten. 1928. (Lehrbücher und Grundrisse der Rechtswissenschaft Bd. XIII.) RM. 9.50, geb. RM. 11.—

„Was dem Studenten not tut, ist ein kurzgefaßtes Handbuch. . . . Ein ausgezeichnetes Hilfsmittel dieser Art ist das vorliegende Buch."
Zeitschrift für Rechtspflege in Bayern.

Wegner, Arthur, Jugendrecht. Ein Lehrbuch zur Einführung. Oktav. IX, 219 Seiten. 1929 . . . . RM. 6.—, geb. RM. 7.50

Schuldverhältnisse insbesondere

Hedemann, Justus Wilh., Schuldrecht des Bürgerlichen Gesetzbuches. Zweite Auflage. Oktav. XXIV, 503 Seiten. 1931. (Lehrbücher und Grundrisse der Rechtswissenschaft Bd. II.) RM. 14.50, geb. RM. 16.—

„Die Schrift bietet die beste mir bekannte Einführung in das schwierige Recht der Schuldverhältnisse." Staats- und Selbstverwaltung.

Oertmann, Paul, **Schuldrecht.** (BGB. II.)
I. Allgemeine Lehren. Dritte, verbesserte Auflage. 142 Seiten. 1927. (Sammlung Göschen Bd. 323.) . . . . Geb. RM. 1.80
II. Die einzelnen Schuldverhältnisse. Dritte, verbesserte Auflage. 159 Seiten. 1929. (Sammlung Göschen Bd. 324.) . . Geb. RM. 1.80

„In knapper Form und gemeinverständlicher Ausdrucksweise ist ein vorzüglicher Überblick über den Stoff gegeben."
Leipziger Zeitschrift für deutsches Recht.

Meyer, Georg, **Das Recht der Beschlagnahme von Lohn, Gehalt und Diensteinkommen.** Auf Grund des Reichsgesetzes vom 21. Juni 1869, der Verordnung über Lohnpfändung vom 25. Juni 1919 nebst Abänderungen und der Zivilprozeßordnung dargestellt. Siebente, vermehrte Auflage. Taschenformat. 174 Seiten. 1930. (Guttentagsche Sammlung Deutscher Reichsgesetze Bd. 55.) . . Geb. RM. 4.50

„Das Lohnbeschlagnahmegesetz wird hier in mustergültiger Weise erläutert. Die zahlreichen Zweifelsfragen werden gründlich erörtert." *Hessische Rechtsprechung.*

Seligsohn, Franz, **Kommentar zum Haftpflichtgesetz.** Zweite Auflage. Groß-Oktav. 360 Seiten. 1930 . . . . . . RM. 12.—, geb. RM. 13.50

„Das reiche Material hat der Verfasser mit logischer Schärfe und in knapper Form bearbeitet und damit ein mustergültiges Werk geschaffen, das für die meist veralteten Kommentare zum Reichshaftpflichtgesetz einen wertvollen Ersatz bietet."
Blätter für Rechtspflege im Bezirk des Kammergerichts.

Krieg, O., **Mietrecht und Wohnungsmangelgesetzgebung** im Reiche, in Preußen und in Berlin, einschließlich Hauszinssteuer, Kostenwesen und Rechtsentscheiden des Kammergerichts und des Obersten Landesgerichts. Zusammengestellt und mit ausführlichem Schlagwortregister versehen. Vierte Auflage. Taschenformat. XII, 594 Seiten. 1928. (Guttentagsche Sammlung Deutscher Reichsgesetze Bd. 156.) Geb. RM. 10.—

„Eine solche Ausgabe zu besitzen, ist wertvoll. Diese Ausgabe verdient schon wegen ihrer Vollständigkeit besondere Beachtung. Ein vortreffliches Sachregister ist beigegeben." *Juristische Wochenschrift*

Stölzle, Hans, **Viehkauf** nach Bürgerlichem Gesetzbuch und ausländischem Recht. Verordnung, betreffend die Hauptmängel und Gewährfristen beim Viehhandel. Von Eugen Fröhner. Sechste, vermehrte und wesentlich verbesserte Auflage. Taschenformat. 699 Seiten. 1926. (Guttentagsche Sammlung Deutscher Reichsgesetze Bd. 50.)
Geb. RM. 15.—

„Das Buch ist Juristen wie Laien als lichtvoller Ratgeber in allen Fragen nur auf das wärmste zu empfehlen."
Deutsche Juristen-Zeitung.

Crisolli, Karl-August, Das Reichsgesetz, betreffend die **Abzahlungsgeschäfte** vom 16. Mai 1894. Mit Einleitung, Anmerkungen und Sachregister. Unter Mitwirkung von Julius Crisolli. Vierte, völlig umgearbeitete Auflage des Werkes von Hoffmann-Wilke. Taschenformat. 413 Seiten. 1931. (Guttentagsche Sammlung Deutscher Reichsgesetze Bd. 34.) . . . . Geb. RM. 8.—

„Der Vorzug dieses Buches, das schon in seiner Anordnung und in seinem Gesamtaufbau mustergültig ist, liegt ganz besonders darin, daß es alle einschlägigen Fragen kritisch behandelt und zu ihnen erschöpfend Stellung nimmt. Der Verfasser hat die ihm aus der Zeit, den wirtschaftlichen und den weiter entwickelten Rechtsverhältnissen heraus gegebenen Möglichkeiten voll ausgenutzt, er hat zu allen einschlägigen Fragen der Rechtsprechung, die gerade in den letzten Jahren nicht unerheblicher Wandlung unter-

worfen war, Stellung genommen und auch unter Anführung und Namhaftmachung der entsprechenden Entscheidungen das von ihm benutzte Material voll ausgewertet und der Öffentlichkeit durch dieses Buch zur Verfügung gestellt." Die Teilzahlung.

Göppert, H., Gesetz, betreffend die gemeinsamen Rechte der Besitzer von Schuldverschreibungen. Zweite Auflage, bearbeitet von E. Trendelenburg. Taschenformat. 156 Seiten. 1915. (Guttentagsche Sammlung Deutscher Reichsgesetze Bd. 52.) . . . . . . Geb. RM. 1.50

Kruse, Fr. Vinding, **Das Eigentumsrecht.** Aus dem Dänischen übersetzt von Knud Larsen. Groß-Oktav. XXIII, 881 Seiten. 1931. Geb. RM. 25.—

Der Verfasser sieht das Eigentumsrecht nicht als ein Rechtsgebiet neben beliebigen anderen an, ihm ist es die Grundlage aller bisherigen Gemeinwesen und so von zentraler Bedeutung für Rechts- und Sozialwissenschaft. Der Begründung dieser Auffassung und einer tiefschürfenden Bestimmung des Begriffs des Eigentumsrechts dient ein Hauptteil des Werkes. In der Folge geht der Verfasser über zu einer Kritik an den gegenwärtig leitenden sozialwissenschaftlichen Ideen, denen er in ihren Umrissen eine Sozialwissenschaft der Zukunft gegenüberstellt. Seine Erkenntnisse gewinnt der Autor nicht nur aus seinem engeren Arbeitsgebiet, der Rechtswissenschaft, und aus deren spezifisch skandinavischer Ausprägung. Gerade der Vergleich mit der Rechtslehre anderer Nationen und die Zusammenfassung der Resultate aller beteiligten wissenschaftlichen Disziplinen geben den Darlegungen besonderes Gewicht.

Beiträge zum ausländischen und internationalen Privatrecht, herausgegeben vom Institut für ausländisches und internationales Privatrecht.

Heft 1:
Nußbaum, Arthur, **Vertraglicher Schutz gegen Schwankungen des Geldwertes.** Goldklauseln und andere Abreden zur Minderung des Valutarisikos. Groß-Oktav. 95 Seiten. 1928 . . . . RM. 5.—

Heft 2:
Wolff, John, **Die Haftung des Verkäufers einer fremden beweglichen Sache in den Vereinigten Staaten von Amerika in Vergleichung mit dem deutschen bürgerlichen Recht.** Groß-Oktav. 84 Seiten. 1930. RM. 4.—

Heft 3:
Friedmann, Wolfgang, **Die Bereicherungshaftung im anglo-amerikanischen Rechtskreis in Vergleichung mit dem deutschen bürgerlichen Recht.** Groß-Oktav. 148 Seiten. 1930 . . . . RM. 7.—

Heft 4:
Raiser, Ludwig, **Die Wirkungen der Wechselerklärungen im internationalen Privatrecht.** Groß-Oktav. 124 Seiten. 1931 . . RM. 9.—

Sachenrecht insbesondere

Hedemann, Justus Wilh., **Sachenrecht des Bürgerlichen Gesetzbuches.** Oktav. XXXII, 507 Seiten. 1924. (Lehrbücher und Grundrisse der Rechtswissenschaft Bd. III.) . . . . . . RM. 12.—, geb. RM. 13.50

„Ein trotz seiner Kürze ausgezeichnetes und inhaltreiches Lehrbuch, nicht nur für den Studierenden, sondern auch für ältere Juristen. Die Arbeit ist wissenschaftlich tiefgründig und doch gemeinverständlich geschrieben." Zeitschrift des Deutschen Notarvereins.

Kretzschmar, F., Sachenrecht.

I. **Allgemeine Lehren. Besitz und Eigentum.** Zweite, verbesserte Auflage. 142 Seiten. 1922. (Sammlung Göschen Bd. 480.) Geb. RM. 1.80

II. **Begrenzte Rechte.** 144 Seiten. 1923. (Sammlung Göschen Bd. 481.) Geb. RM. 1.80

Diese Bändchen bieten die Grundzüge des Sachenrechts in gedrängter und klarer Form.

Lenzen, Georg, **Das Deutsche Pfandleihrecht.** Kommentar zum preußischen Pfandleihgesetz unter Berücksichtigung der außerpreußischen Gesetze. Oktav. XXVI, 266 Seiten. 1929 . . . . Geb. RM. 20.—
„Diese zusammenfassende Darstellung ist die erste ihrer Art und sehr verdienstlich. Das Buch regt zu allerhand Fragen an." Juristische Wochenschrift.

Günther, Hermann, **Erbbaurecht.** Taschenformat. 167 Seiten. 1919. (Guttentagsche Sammlung Deutscher Reichsgesetze Bd. 135.) Geb. RM. 2.—
„. . . Der Praxis wird das Werk von hervorragendem Nutzen sein." Beiträge zur Erläuterung des deutschen Rechts.

Arnheim, Hugo, **Grundbuchordnung.** Kommentar zur Grundbuchordnung für das Deutsche Reich nebst den für Preußen erlassenen Ausführungsbestimmungen. Zweite, völlig neubearbeitete Auflage. Lexikon-Oktav. 959 Seiten. 1913 . . . . RM. 15.—
„Der Band weist außerordentliche Gründlichkeit, Klarheit und Übersichtlichkeit auf. Man kann wohl sagen, daß kaum eine Frage auftauchen wird, die nicht wenigstens berührt wäre." Zentralblatt für freiwillige Gerichtsbarkeit.

Fischer, Otto, und **Fischer**, Norbert, **Grundbuchordnung für das Deutsche Reich** nebst den preußischen Ausführungsbestimmungen. Neunte, durchgearbeitete und ergänzte Auflage. Taschenformat. 322 Seiten. 1927. (Guttentagsche Sammlung Deutscher Reichsgesetze Bd. 42.) Geb. RM. 5.—
„Eine der vortrefflichen alteingeführten Handausgaben der Guttentagschen Sammlung, bei der schon die Auflagenziffer für die Brauchbarkeit in der Praxis spricht. Nach wie vor ist das Buch ein vortrefflicher Wegweiser und Berater." Juristische Wochenschrift.

Ricks, Gerhard, **Die Grundbuchpraxis.** Ein Handbuch für den täglichen Gebrauch in Grundbuchsachen. Achte Auflage. Mit Nachtrag. Groß-Oktav. XII, 412 Seiten. 1929 . . . RM. 12.—, geb. RM. 14.—
„Das Buch hat einen Anspruch darauf, in der Praxis geradezu verschlungen zu werden. Es ist aus der täglichen Praxis heraus für die Praxis lebensfrisch und unterhaltend geschrieben." Mitteilg. a. d. Württemb. Notariats-Praxis.

Friedlaender, Martin, **Hypothekenbeschaffung für Wohn- und Geschäftshäuser.** Handbuch für die Praxis der Grundstückswirtschaft. Groß-Oktav. VIII, 151 Seiten. 1929 . . . . . RM. 6.—, geb. RM. 7.50
„Das Buch gibt einen außerordentlich praktischen Überblick über alle Fragen der Hypothekenbeschaffung." Deutsche Sparkassen-Zeitung.

Familienrecht, Erbrecht

Lehmann, Heinrich, **Familienrecht** des Bürgerlichen Gesetzbuches einschließlich Jugendfürsorgerecht. Oktav. XII, 352 Seiten. 1926. (Lehrbücher und Grundrisse der Rechtswissenschaft Bd. IV.) RM. 11.—, geb. RM. 12.50
„Die Schilderung Lehmanns ist überall anregend und fesselnd. Das Werk kann allen Rechtsstudenten und Referendaren zur Anschaffung dringend empfohlen werden." Der junge Rechtsgelehrte.

Titze, Heinrich, **Familienrecht.** (BGB. IV.) 169 Seiten. Neudruck. 1924. (Sammlung Göschen Bd. 305.) . . . . Geb. RM. 1.80

Endemann, Fr., **Erbrecht.** Oktav. XII, 166 Seiten. 1923. (Lehrbücher und Grundrisse der Rechtswissenschaft Bd. V.) RM. 3.—, geb. RM. 4.50
„Dieser Leitfaden behandelt den spröden Stoff des schwierigen Erbrechts in meisterhafter, fesselnder Darstellung." Zeitschrift des Bundes Deutscher Justizamtmänner.

v. **Blume**, Wilh., **Erbrecht.** (BGB. V.)
I. Einleitung. Die Grundlagen des Erbrechts. 75 Seiten. 1913. (Sammlung Göschen Bd. 659.) . . . . Geb. RM. 1.80
II. Die Nachlaßbeteiligten. Mit 23 Figuren. 131 Seiten. 1913. (Sammlung Göschen Bd. 660.) . . . . Geb. RM. 1.80

Riesenfeld, S., **Die Erbenhaftung nach dem Bürgerlichen Gesetzbuch.** Groß-Oktav. 2 Bände. 1916 . . . . . RM. 15.—, geb. RM. 18.—
I. Band: Die Grundsätze der Haftung. XII, 461 Seiten.
II. Band: Das Inventar und die Mittel der Haftungsbeschränkung. VIII, 455 Seiten.
„Ein hervorragendes Werk, das in allen Teilen die vollständige Beherrschung des schwierigen Stoffes erkennen läßt und sich dabei durch klare und gemeinverständliche Darstellung auszeichnet."
Sächsisches Archiv für Rechtspflege.

Aufwertung

Michaelis, Richard, **Das Aufwertungsrecht** nach den Aufwertungsgesetzen und nach allgemeinem bürgerlichem Rechte. Kommentar zu den Gesetzen vom 16. Juli 1925 über die Aufwertung von Hypotheken und anderen Ansprüchen und über die Ablösung öffentlicher Anleihen sowie systematische Darstellung des Aufwertungsrechts außerhalb dieser Gesetze. Zweite, gänzlich umgearbeitete Auflage des Kommentars zur Dritten Steuernotverordnung vom 14. Februar 1924 (Aufwertung). Mit einer Fristentabelle von H. Hoormann. Groß-Oktav. X, 516 Seiten. 1926. Mit Nachtrag 1927. (de Gruytersche Sammlung Deutscher Gesetze. Handkommentare.) . . . . Geb. RM. 16.—
„Es handelt sich um ein ganz erstklassiges Werk, das sich für jeden Aufwertungsinteressenten als unentbehrlich erweisen wird."
Deutsche Allgemeine Zeitung.

Michaelis, Richard, Die beiden **Aufwertungsnovellen** vom 18. Juli 1930. (Hypotheken-Fälligkeits- und Verzinsungsgesetz; Grundbuchbereinigungsgesetz.) Taschenformat. VI, 202 Seiten. 1930. (Guttentagsche Sammlung Deutscher Reichsgesetze Bd. 178.) . . . . Geb. RM. 4.—
Reichsgerichtsrat Michaelis, der im „Kommentar über das Bürgerliche Gesetzbuch von Reichsgerichtsräten" den Abschnitt „Aufwertung" bearbeitet hat, erläutert in der gleichen autoritativen Art auch die neuen Gesetze, die die Aufwertungsgesetzgebung ändern und abschließen. Die Erläuterung der zuverlässig abgedruckten Gesetzestexte ist übersichtlich und in der Sprache leicht verständlich, wie überhaupt in ihrer ganzen Anlage, nicht zuletzt aber wegen ihres niedrigen Preises, auf die Praxis zugeschnitten.

Berliner, Ludwig, und **Pfaffenberger**, Ernst, **Aufwertung von Versicherungsansprüchen** mit Durchführungsbestimmungen.
I. Teil. Oktav. 235 Seiten. 1925. (Guttentagsche Sammlung Deutscher Reichsgesetze Bd. 164.) . . . . Geb. RM. 6.50
II. Teil: Sach- und Transportversicherung; Unfall- und Haftpflichtversicherung. Oktav. 112 Seiten. 1926. Mit Nachtrag. (Guttentagsche Sammlung Deutscher Reichsgesetze Bd. 164a.) . . Geb. RM. 3.50
„Eine ganz ausgezeichnete, wohldurchdachte Darstellung und Erläuterung des Aufwertungsrechtes des gesamten Versicherungswesens, eine unentbehrliche Ergänzung zu jedem Gesamtkommentar über das Aufwertungsgesetz." Zentralblatt für Handelsrecht.

2. Handelsrecht

v. **Gierke**, Jul., **Handelsrecht und Schiffahrtsrecht.** Dritte, ergänzte Auflage. Groß-Oktav. XIV, 744 Seiten. 1929. (Lehrbücher und Grundrisse der Rechtswissenschaft Bd. VI.) RM. 21.—, geb. RM. 22.50

„... ein außerordentlich hochstehendes, immer den neuesten Stand der Lehre und der Rechtsprechung widerspiegelndes Lehrbuch des Handelsrechts im weitesten Sinn." *Der junge Rechtsgelehrte.*

v. Gierke, Jul., Handelsgesetzbuch nebst Wechselordnung und Scheckgesetz. Mit systematischen Paragraphenüberschriften und ausführlichem Sachregister. Oktav. VIII, 295 Seiten. 1931. (Lehrausgaben Deutscher Gesetze, Bd. IV.) . . . . Geb. RM. 5.—

Nicht nur dem Lernenden, auch dem Kaufmann, der ohne ermüdende Durcharbeitung des ganzen Gesetzwerkes seine wesentlichen Bestimmungen schnell und sicher kennenlernen und von Fall zu Fall nachlesen will, wird diese Lehrausgabe willkommen sein.

Lehmann, K., und Hoeniger, H., Lehrbuch des Handelsrechts. Dritte Auflage. Erster Halbband, enthaltend die Lehre vom Handelsstand und von den Handelsgesellschaften. Groß-Oktav. 432 Seiten. 1921 RM. 10.—

Ein großangelegtes Lehrbuch des Handels- und Schiffahrtsrechts.

Lehmann, K., und Hoeniger, H., Deutsches Handelsrecht.
I. Einleitung. Der Kaufmann und seine Hilfspersonen. Offene Handelsgesellschaft, Kommandit- und stille Gesellschaft. 117 Seiten. 1921. (Sammlung Göschen Bd. 457.) . . . . Geb. RM. 1.80
II. Aktiengesellschaften, Gesellschaften mit beschränkter Haftung, eingetragene Genossenschaften. Handelsgeschäft, 126 Seiten. 1924. (Sammlung Göschen Bd. 458.) . . . . Geb. RM. 1.80

Hein, Joh., Die Zusammenhänge zwischen Steuerrecht und Handelsrecht und ihre Entwicklung, untersucht an dem Gewinn und an der Bewertung. Eine bilanzrechtliche und bilanzkritische Darstellung mit praktischen Beispielen. Groß-Oktav. X, 280 Seiten. 1928. RM. 10.—, geb. RM. 12.—

„Das Buch führt in klarer Gestaltung in die Probleme des Bilanzrechts ein. Eine übersichtliche Gliederung ermöglicht eine schnelle und doch gründliche Einführung. Darüber hinaus stellt das Buch eine wesentliche Förderung für die dringend notwendige wissenschaftliche Behandlung des Steuerbilanzrechts und seiner Zusammenhänge mit den verwandten Rechtsmaterien dar." *Zeitschrift für Handelsrecht.*

Staubs Kommentar zum Handelsgesetzbuch. Zwölfte und dreizehnte Auflage. Bearbeitet von Heinrich Koenige, Albert Pinner, Felix Bondi. Vier Bände und ein Registerband. Groß-Oktav. 4000 Seiten. 1927 . . . . Zusammen RM. 157.—, in Halbleder RM. 183.60

Ein Nachtrag, der in ausführlicher Kommentierung die neuen Bestimmungen der Verordnung über das Aktienrecht vom 19. IX. 31 und die dadurch hervorgerufenen Änderungen des HGB. enthält, erscheint im November 1931.

Mosse, Albert, und **Heymann,** Ernst, **Handelsgesetzbuch** (ohne Seerecht). Mit den ergänzenden Vorschriften des Bürgerlichen Gesetzbuchs und einem Anhang, enthaltend das Einführungsgesetz, das Depotgesetz, die Bestimmungen über Börsentermin- und Differenzgeschäfte u. a. Nebst Erläuterungen. Im Anschluß an die Textausgabe von F. Litthauer. Siebzehnte Auflage. Unter Mitwirkung von Karl August Crisolli. Oktav. VIII, 693 Seiten. 1926 (Guttentagsche Sammlung Deutscher Reichsgesetze Bd. 4.) . . . . .Geb. RM. 14.—

Diese Ausgabe wurde durch Nachträge ergänzt.

„Die Litthauer-Mossesche Ausgabe des Handelsgesetzbuches hat bei allen Praktikern seit langem den wohlbegründeten Ruf größter Zuverlässigkeit und übersichtlicher Anordnung, die mit möglichster Knappheit des Ausdrucks gepaart sind. Das Buch ist ein zuverlässiger Führer durch das immer schwieriger werdende Gebiet des Handelsrechts." *Vossische Zeitung.*

Handelsgesetzbuch nebst Einführungsgesetz vom 10. Mai 1897, unter

Berücksichtigung der bis 15. Juni 1930 ergangenen Novellen. Textausgabe mit Sachregister. Zwölfte Auflage. 370 Seiten. 1930. (Guttentagsche Sammlung von Textausgaben ohne Anmerkungen mit Sachregister.) . . . . Geb. RM. 3.50
Diese Ausgabe wurde durch einen Nachtrag ergänzt.

Baum, G., Das vertragliche Wettbewerbsverbot (Konkurrenzklausel). Nebst Kommentar zum Gesetze vom 10. Juni 1914. Taschenformat. XII, 231 Seiten. 1914. (Guttentagsche Sammlung Deutscher Reichsgesetze Bd. 115.) . . . . Geb. RM. 3.—

Gesellschaften

Brodmann, Erich, Aktienrecht. Kommentar. Groß-Oktav. XII, 580 Seiten. 1928. (Gewerbe- und Industrie-Kommentar Bd. IV.)
RM. 28.—, geb. RM. 30.—

„Mit unvergleichlichem Geschick hat der Verfasser Großartiges geleistet — Brodmann ist Trumpf!" Zeitschrift für Aktiengesellschaften.

Brodmann, Erich, Die Sanierung unseres Aktienwesens. Groß-Oktav. 46 Seiten. 1931 . . . . RM. 3.—

Entwurf eines Gesetzes über Aktiengesellschaften und Kommanditgesellschaften auf Aktien sowie Entwurf eines Einführungsgesetzes nebst erläuternden Bemerkungen. Veröffentlicht durch das **Reichsjustizministerium.** Lexikon-Oktav. 132 Seiten. 1930 . . . . . . RM. 3.—

Pinner, Albert, Aktiennovelle und Bankenaufsicht. Verordnung vom 19. 9. 1931. Textausgabe mit Einführung in die Aktiennovelle. Taschenformat. 101 Seiten. 1931. (Guttentagsche Sammlung Deutscher Reichsgesetze Bd. 179.) . . . . Geb. RM. 1.80

Das erste eindringliche und zuverlässige Orientierungsbuch über die Neuregelung des Aktienwesens führt schnell in die wichtigen Hauptfragen ein. Der Herausgeber ist als hervorragender Kenner des Aktienrechts und Mitarbeiter an Staubs berühmtem HGB.-Kommentar der Fachwelt bekannt.

Hachenburg, Max, Kommentar zum Gesetz, betr. die Gesellschaften mit beschränkter Haftung. (Früher Staub-Hachenburg.) Fünfte Auflage unter Mitarbeit von Fritz Bing und Walter Schmidt. 2 Bände . . . . RM. 43.—, geb. RM. 47.—
I. Band: §§ 1—34. Groß-Oktav. VI, 527 Seiten. 1926.
II. Band: §§ 35—84. Groß-Oktav. II, 452 Seiten. 1927.

„Was Hachenburg in seinen Neubearbeitungen aus diesem Buche gemacht hat, ist erstaunlich. Sein reiches juristisches Wissen, sein überlegener und kritischer Verstand, seine vorzügliche Gestaltungskraft und seine nur wenigen Juristen eigene vielseitige Auslegungskunst haben etwas Großes, Unvergleichliches geschaffen. Man findet selten ein literarisches Werk, in welchem Rechtsgelehrsamkeit und praktisches Können vereint einem Spezialgesetz so zugute kamen wie hier."
Zeitschrift für Aktiengesellschaften.

Brodmann, Erich, Gesetz, betr. die Gesellschaften mit beschränkter Haftung. Kommentar. Zweite Auflage. Groß-Oktav. VIII, 304 Seiten. 1930. (Gewerbe- und Industrie-Kommentar Bd. I.)
RM. 16.—, geb. RM. 18.—

Parisius, Ludolf, und Crüger, Hans, Das Reichsgesetz, betr. die Gesellschaften mit beschränkter Haftung. Textausgabe mit Anmerkungen und Sachregister. Achtzehnte Auflage, bearbeitet von Adolf Crecelius und Fritz Citron. Taschenformat. 244 Seiten. 1929. (Guttentagsche Sammlung Deutscher Reichsgesetze Bd. 32.)
Geb. RM. 3.50

„Die äußerst sachkundig erläuterte Ausgabe wird von den interessierten Kreisen freudig begrüßt werden. Wir können das Bändchen der bekannten Sammlung bestens empfehlen."
Badische Wirtschafts-Zeitung.

Starke, Arthur, **Offene Handelsgesellschaften, Kommanditgesellschaften und stille Gesellschaften** von der Errichtung bis zur Auflösung. Nebst Vertrags- und Anmeldeformularen und mit Berücksichtigung des Steuerrechts. Oktav. XIV, 167 Seiten. 1928 . . . . RM. 5.—
Eine systematische Darstellung für Studium und Praxis.

Wechselordnung und Scheckrecht

Staubs Kommentar zur Wechselordnung. Fortgesetzt von J. Stranz und M. Stranz. Zwölfte Auflage, bearbeitet von M. Stranz und Martin Stranz. Groß-Oktav. 432 Seiten. 1929.
RM. 16.—, geb. RM. 18.—
„Staub-Stranz ist der Kommentar zur Wechselordnung. Auch die jüngste Auflage des Kommentars gibt einen echten Staub-Stranz. Weiterer Kommentar dazu ist überflüssig." Juristische Wochenschrift.

Stranz, J., und **Stranz,** M., **Wechselordnung** in der Fassung der Bekanntmachung vom 3. Juni 1908. Kommentar. Dreizehnte, der Neubearbeitung sechste Auflage. Taschenformat. 419 Seiten. 1930. (Guttentagsche Sammlung Deutscher Reichsgesetze Bd. 5.)
Geb. RM. 7.—
Diese Ausgabe enthält nicht etwa nur Hinweise und kurze Erläuterungen, sondern ist ihrer ganzen Anlage nach ein verkürzter Kommentar; außer der Wechselordnung bringt sie auch die bekannten Nebengesetze: sie umfaßt also das gesamte Wechselrecht.

Wechselordnung in der Fassung der Bekanntmachung vom 3. Juni 1908 (RGBl. S. 326ff.). Mit einem Anhang, enthaltend den Wechselprozeß und Nebengesetze. Textausgabe mit Einleitung und Sachregister. Taschenformat. 102 Seiten. 1928. (Guttentagsche Sammlung von Textausgaben ohne Anmerkungen.) . . . . Geb. RM. 1.50
Vorteilhafte Anordnung, ein zuverlässiges Sachregister, das das Gesetz erschließt, Handlichkeit und sauberer Druck zeichnen auch die neue Auflage der Wechselordnung aus, deren Einleitung den letzten Stand dieser Materie erfaßt und deren Anhang „Nebengesetze" bis auf die letzte Zeit ergänzt ist.

Michaelis, Richard, **Scheckgesetz** mit allen einschlägigen Nebengesetzen, den ausländischen Gesetzen und dem Deutschen Postscheckgesetz mit Postscheckordnung. Kommentar. Groß-Oktav. VII, 339 Seiten. 1927. (Gewerbe- und Industrie-Kommentar Bd. II.) RM. 16.—, geb. RM. 18.—
„Wenn irgendein Buch, so entspricht dieses einem Bedürfnis."
Berliner Tageblatt.

Der Eigentumsvorbehalt in Wirtschaft und Recht. Herausgegeben von der Industrie- und Handelskammer zu Berlin. Oktav. 280 Seiten. 1931 . . . . RM. 4.—, geb. RM. 5.—
Die Industrie- und Handelskammer zu Berlin bringt in diesem Buche zum Thema „Kreditsicherung durch Eigentumsvorbehalt" eine geschlossene Reihe von Kapiteln erster Autoritäten bei, in denen diese zum Eigentumsvorbehalt von allen Gesichtspunkten (z.B. seiner Bedeutung in der Industrie, im Großhandel, im Einzelhandel, im Bankverkehr, im internationalen Verkehr, im Konkursverfahren, im Steuerrecht, im Strafrecht, seiner zweckmäßigsten Formulierung usw.) ausführlich Stellung nehmen. Seiner Zweckbestimmung nach ist dieses Buch gleicherweise nach der praktischen wie nach der wissenschaftlichen Seite hin orientiert.

Schiffahrtsrecht

Schaps, Georg, **Das deutsche Seerecht.** Kommentar zum vierten Buche des Handelsgesetzbuches (als Ergänzung zu Staub's Kommentar) nebst Erläuterungen zu den seerechtlichen Nebengesetzen. Zweite, vollständig umgearbeitete Auflage herausgegeben von Max Mittelstein † und Julius Sebba.

I. Band. (Handelsgesetzbuch: Viertes Buch.) Groß-Oktav. VIII, 1041 Seiten. 1921 . . . . RM. 25.—, geb. RM. 28.—
II. Band. (Seerechtliche Nebengesetze mit Nachtrag zur Ergänzung des I. Bandes nach dem Stand von 1929.) Bearbeitet von J. Sebba. XVI, 1108 Seiten. 1929 . . . . RM. 52.—, geb. RM. 55.—

„Die alte, auf der Staubschen Kommentierungsmethode beruhende Auflage erfreute sich mit Recht schon großen Ansehens. In diesen bewährten Bahnen leistet die zweite Auflage an Vollständigkeit, Übersichtlichkeit und Genauigkeit das Höchste, was Wissenschaft und Praxis nur wünschen können." Juristische Wochenschrift.

Brandis, Otto, Das deutsche Seerecht (mit Ausschluß des Seeversicherungsrechts.) I. Allgem. Lehren: Personen und Sachen des Seerechts. 130 Seiten. 1908. II. Die einzelnen seerechtlichen Schuldverhältnisse: Verträge des Seerechts und außervertragliche Haftung. 156 Seiten. 1908. (Sammlung Göschen Bd. 386/87.) . . . . . Geb. je RM. 1.80

Knitschky-Rudorff, Seegesetzgebung. 6. Auflage von J. Sebba. Im Druck.

Sieveking, Gustav, Das deutsche Seeversicherungsrecht. Kommentar zum zehnten Abschnitt des vierten Buches des Handelsgesetzbuches. Lexikon-Oktav. 218 Seiten. 1912 . . . . RM. 5.—, geb. RM. 6.80

Allgemeine Deutsche Seeversicherungs-Bedingungen. Im Jahre 1919 herausgegeben von den deutschen Seeversicherern nach Beratung mit deutschen Handelskammern und Fachverbänden unter Vorsitz der Handelskammer Hamburg. 16.—20. Tausend. 50 Seiten. 1925 . RM. 2.—

General Rules of Marine. Insurance 1919 adopted by the German Underwriters. Authorised Translation by Dr. Alfred Sieveking, larger in Hamburg. 64 Seiten. 1920 . . . . RM. 3.—

Materialien zu den Allgemeinen Deutschen Seeversicherungs-Bedingungen. Im Auftrag der vereinigten Handelskammern herausgegeben von Prof. Dr. E. Bruck. Groß-Oktav. 2 Bände. 678 Seiten. 1920 . . RM. 10.—

v. Liebig, Eugen, Die Transportversicherung. Teil I: Die Seeversicherung. Systematische Darstellung des Seeversicherungswesens. Groß-Oktav. VIII, 226 Seiten. 1914 . . . . RM. 5.—

Bene, F., Der Begriff des Versicherungsfalles in der Seeversicherung. (Hamburger Rechtsstudien, herausgegeben von Mitgliedern der Rechts- und Staatswissenschaftlichen Fakultät der Hamburgischen Universität, Heft 1.) Groß-Oktav. 75 Seiten. 1928 . . . . RM. 4.50

Elkan, H. H., Die Bedeutung des Interesses für die Veräußerung der versicherten Sache. (Hamburger Rechtsstudien, herausgegeben von Mitgliedern der Rechts- und Staatswissenschaftlichen Fakultät der Hamburgischen Universität, Heft 2.) Oktav. 58 Seiten. 1928 . . RM. 4.—

Makower, H., Gesetze, betreffend die privatrechtlichen Verhältnisse der Binnenschiffahrt und der Flößerei. Nach den Materialien erläutert. Sechste, vermehrte Auflage, bearbeitet von E. Loewe. Taschenformat. 458 Seiten. 1923. (Guttentagsche Sammlung Deutscher Reichsgesetze Bd. 36.) . . . . Geb. RM. 4.—

„Das vorzüglich bearbeitete Buch dürfte mit seinen klaren und verständlichen Erläuterungen für jeden, der in irgendeiner Weise mit der Binnenschiffahrt und der Flößerei zu tun hat, ein nie versagender Ratgeber sein." Schiffbau.

Sebba, Jul., Seewasserstraßenordnung. (Polizeiverordnung zur Regelung des Verkehrs auf den deutschen Seewasserstraßen vom 31. März 1927.) Mit Nachtrag, enthaltend die Änderungen vom 31. März 1928 und vom 20. März 1930. Taschenformat. 493 Seiten. 1928. (Guttentagsche Sammlung Deutscher Reichsgesetze Nr. 171.) . . Geb. RM. 8.50

Die vorliegende Ausgabe ist für die an dem neuen Gesetz interessierten beiden Fachgruppen, die der Nautiker und der Juristen, von gleich großer Bedeutung. Diese Verbindung zweier Kenntnisgebiete gibt dem vorliegenden Kommentar seine besondere Note und seinen großen Wert.

Genossenschaften

Parisius, Ludolf, **Crüger**, Hans, **Crecelius**, Adolf, und **Citron**, Fritz, **Reichsgesetz, betreffend die Erwerbs- und Wirtschaftsgenossenschaften.** Kommentar zum praktischen Gebrauch für Juristen und Genossenschaften. Elfte, neubearbeitete Auflage. Groß-Oktav. XV, 598 Seiten. 1928 . . . . RM. 28.—, geb. RM. 30.—

„Crüger beherrscht wie kein anderer Theorie und Praxis des Genossenschaftswesens, auch nach der wissenschaftlichen Seite hin."
Juristische Wochenschrift.

Parisius, Ludolf, und **Crüger**, Hans, **Das Reichsgesetz, betreffend die Erwerbs- und Wirtschaftsgenossenschaften.** Textausgabe mit Anmerkungen und Sachregister. Zwanzigste, neubearbeitete und erweiterte Auflage von Hans Crüger, Adolf Crecelius und Fritz Citron. Taschenformat. 297 Seiten 1930. (Guttentagsche Sammlung Deutscher Reichsgesetze Bd. 29.) . . . . Geb. RM. 4.—

„In knapper und klarer Form werden die gesetzlichen Bestimmungen abgehandelt und alles zum Verständnis unbedingt Erforderliche in den Anmerkungen beigebracht. Das Werk kann nur empfohlen werden." Ministerialblatt f. d. Preuß. innere Verwaltung.

Verschiedenes

Schreiber, Otto, **Handelsrechtliche Nebengesetze.** Taschenformat. VIII, 1002 Seiten. 1926. (Guttentagsche Sammlung Deutscher Reichsgesetze Bd. 162.) . . . . Geb. RM. 14.—

„Die Sammlung ist ein unentbehrliches Hilfsmittel für den Praktiker. Die Zusammenstellung ist sehr zuverlässig; auch das Sachregister von Kleffel verdient volle Anerkennung."
Zentralblatt für Handelsrecht.

Staffel, W., **Verordnung gegen Mißbrauch wirtschaftlicher Machtstellungen** vom 2. November 1923. Kommentar. Oktav. 108 Seiten. 1927. (Guttentagsche Sammlung Deutscher Reichsgesetze Bd. 167.) Geb. RM. 3.50

„Die für das Wirtschaftsrecht so wichtige Kartellverordnung findet hier eine eingehende Kommentierung. Die Erläuterungen werden daher um so unentbehrlicher für die wirtschaftliche Praxis auf diesem Gebiete sein." Industrie- und Handelszeitung.

Lusensky, F., **Gesetz über die Handelskammern.** Taschenformat. (Guttentagsche Sammlung Preußischer Gesetze Bd. 21.)
Neue Auflage in Vorbereitung.

Göppert-Seydel, Hypothekenbankgesetz vom 13. Juli 1899 (mit den Änderungen durch die Gesetze vom 14. Juli 1923, vom 26. Januar 1926 und 21. Dezember 1927). Textausgabe mit Einleitung, Anmerkungen und Sachregister. Dritte Auflage bearbeitet von Dr. **Martin Friedlaender.** Taschenformat. VIII, 202 Seiten. 1929. (Guttentagsche Sammlung Deutscher Reichsgesetze Nr. 51.) . . . . . Geb. RM. 5.—

Die vorliegende Auflage des bekannten „Göppert-Seydel" ist den veränderten Verhältnissen entsprechend vollkommen umgearbeitet worden; sie berücksichtigt sowohl die nach dem Kriege erfolgten Änderungen und Ergänzungen des Gesetzes und des Aufwertungsrechtes wie auch die Judikatur und das Schrifttum bis auf die letzte Zeit. Damit kommen die Vorzüge des „Göppert-Seydel" der Praxis und Wissenschaft wieder in ihrem ganzen Umfange zugute.

Behlert, Heinz, Der Konnossement-Teilschein. Groß-Oktav. 79 Seiten. 1930.
(Hamburger Rechtsstudien, Heft 5.) RM. 5.—
Die Schrift löst die Frage, ob ein Konnossement-Teilschein dem Konnossement gleichzusetzen ist, unter Zugrundelegung der Hamburger Verhältnisse und unter Berücksichtigung der Rechtsprechung, der Lehre und des ausländischen Rechtes.

Lion, Robert, Reine Konnossemente gegen Revers. Groß-Oktav. 78 Seiten. 1930.
(Hamburger Rechtsstudien, Heft 7.) RM. 5.—
Die Abhandlung beginnt mit einer ausführlichen Darstellung der Entwicklung, Anwendung und Funktion des Konnossementsreverses. Es folgt eine Untersuchung der rechtlichen Probleme, die sich bemüht, die wirtschaftlichen Interessen aller Beteiligten gegeneinander abzuwägen; eine eingehende Übersicht über die Rechtsprechung ist mit ihr verbunden. Den Abschluß bildet eine Darstellung und Würdigung der zahlreichen Reformvorschläge. Wirtschaft und Recht des Auslandes sind in weitestgehendem Umfange berücksichtigt.

Bank und Börse

Koch, R., und Schacht, Hjalmar, Die Reichsgesetzgebung über das Münz- und Notenbankwesen. Textausgabe mit Anmerkungen und Sachregister. Siebente, völlig neubearbeitete Auflage. Taschenformat. XVIII, 617 Seiten. 1925. (Guttentagsche Sammlung Deutscher Reichsgesetze Bd. 26.) . . . . Geb. RM. 14.—
„Dieser Kommentar zeichnet sich durch Vollständigkeit und Reichhaltigkeit aus und bietet außerdem in der Einleitung einen vortrefflichen Überblick über die Entwicklung des deutschen Noten- und Geldwesens während der letzten Jahrzehnte."
Monatsschrift für Handelsrecht und Bankwesen.

Nußbaum, Arthur, Bank- und Börsenrecht. Eine Sammlung von Gesetzen und Geschäftsbedingungen. Taschenformat. XII, 622 Seiten. 1927. (Guttentagsche Sammlung Deutscher Reichsgesetze Bd. 169)
Geb. RM. 11.—
Die vorliegende Sammlung der verstreuten bank- und börsenrechtlichen Vorschriften fehlte bisher in der kaufmännischen und juristischen Bankpraxis ebenso wie im handelsrechtlichen und betriebswirtschaftlichen Unterricht. Ihr Erscheinen wurde daher vielseitig begrüßt. Die Sammlung berücksichtigt auch die dem freien Verkehr entstammenden Rechtsbildungen.

Kommentar zum Börsengesetz. Im Auftrage des Centralverbandes des Deutschen Bank- und Bankiergewerbes (E. V.) bearbeitet von H. Rehm, H. Trumpler, Heinrich Dove, Ernst Neukamp, R. Schmidt-Ernsthausen, James Breit. Mit einem Vorwort von J. Rießer. Lexikon-Oktav. VIII, 464 Seiten. 1909.
RM. 12.—, geb. RM. 13.50
„Einen so guten Kommentar zum Börsengesetz hat es noch nie gegeben. Wer sich darein vertieft, wird reiche Belehrung daraus schöpfen über das Börsenwesen im allgemeinen und über seine Rechtsübung und Rechtsprechung im besonderen."
Sächsisches Archiv für Rechtspflege.

Hemptenmacher, Th., Börsengesetz. Dritte Auflage von O. Meyer. Taschenformat. XXIII, 373 Seiten. 1915. (Guttentagsche Sammlung Deutscher Reichsgesetze Bd. 41.) . . . . Geb. RM. 3.50
„Das Bändchen bringt neben einem kurzen Überblick und einem vorteilhaft erweiterten Anhang das Börsengesetz nebst Ausführungsbestimmungen." *Bayrische Handelszeitung.*

Lusensky, F., Gesetz, betreffend die Pflichten der Kaufleute bei Aufbewahrung fremder Wertpapiere (Depotgesetz). Neue Auflage in Bearbeitung. (Guttentagsche Sammlung Deutscher Reichsgesetze Bd. 40.)

„Die beste Bearbeitung des sogenannten Depotgesetzes."
Zeitschrift für Aktiengesellschaften.

Frohner, G., Aktiensonderdepot und Legitimationsübertragung. (Hamburger Rechtsstudien, herausgegeben von Mitgliedern der Rechts- und Staatswissenschaftlichen Fakultät der Hamburgischen Universität, Heft 3.) Groß-Oktav. VII, 114 Seiten. 1929 . . . . RM. 7.—

Schwerin, Frh. Cl. von, Recht der Wertpapiere (einschließlich Wechsel- und Scheckverkehr). Oktav. X, 234 Seiten. 1924. (Lehrbücher und Grundrisse der Rechtswissenschaft Bd. 7.) RM. 7.—, geb. RM. 8.50

„Das Buch löst seine Aufgabe, den Studierenden eine Einführung in die Materie des Wertpapierrechts zu geben, ausgezeichnet, vor allem deshalb, weil es eine gute theoretische Fundierung mit einer dem Lehrzweck entsprechenden Darstellung des praktischen Rechts und der Rechtstatsachen verbindet." *Deutsche Juristenzeitung.*

Zeitgemäße Bankrechtsfragen. Festgabe der Rechtsabteilung der Disconto-Gesellschaft zum 70. Geburtstage des Herrn Dr. jur. Arthur Salomonsohn. Quart. 126 Seiten. 1929 . . . RM. 8.—, geb. RM. 10.—

„Der Band enthält 8 vorzügliche Aufsätze. Die Verfasser befassen sich mit Problemen, die in der Rechtsabteilung einer Großbank oft zur Debatte stehen und deren endgültige Klärung ein praktisches Bedürfnis ist." *Wirtschaftl. Nachrichten.*

Verhandlungen des VII. allgemeinen deutschen Bankiertages. Köln 9.—11. September 1928 auf Grund stenographischer Berichte. Groß-Oktav. 436 Seiten. 1928 . . . . RM. 10.—

III. Grenzgebiete des Bürgerlichen Rechts

1. Privat- und Sozialversicherung

Koenige, Heinrich, und Petersen, A., Gesetz über die privaten Versicherungsunternehmungen vom 12. Mai 1901. Textausgabe mit Anmerkungen und Sachregister. Dritte, umgearbeitete Auflage. Taschenformat. 856 Seiten. 1927. (Guttentagsche Sammlung Deutscher Reichsgesetze Bd. 62.) . . . . Geb. RM. 20.—

„Der Verfasser hat es meisterhaft verstanden, reiche Literatur und Judikatur zu dem wichtigen Grundgesetz der Privatversicherung mit seiner eigenen selbständigen Auffassung von der Bedeutung der Gesetzesbestimmungen in Verbindung zu bringen. Für Theorie und Praxis der Privatversicherung wird das Werk dadurch zu einem unentbehrlichen Hilfsmittel." *Deutsche Versicherten-Zeitung.*

Koenige, Heinrich, Petersen, A. und Wirth, K., Gesetz über die Beaufsichtigung der privaten Versicherungsunternehmungen und Bausparkassen vom 6. Juni 1931. Textausgabe, enthaltend den vollständigen, geltenden Gesetzestext sowie Erläuterungen zu den neuen, auf dem Gesetz vom 30. März 1931 beruhenden Vorschriften. Nachtrag zu Koenige-Petersen, Private Versicherungsunternehmungen, dritte Auflage (Bd. 62 der Sammlung). Taschenformat. 238 Seiten. 1931. (Guttentagsche Sammlung Deutscher Reichsgesetze Bd. 62a.) . . . . Geb. RM. 6.—

Die vorliegende Ausgabe enthält den vollständigen Gesetzestext, nicht nur die geänderten und zugefügten Paragraphen. Sie erläutert jedoch nur die in der Neuschöpfung des Gesetzes geänderten Bestimmungen, während hinsichtlich der unverändert gebliebenen gesetzlichen Vorschriften auf den Kommentar von Koenige-Petersen verwiesen wird.

Bruck, E., Reichsgesetz über den Versicherungsvertrag nebst dem zugehörigen Einführungsgesetz vom 30. Mai 1908. Sechste, vollkommen neubearbeitete Auflage. Taschenformat. 708 Seiten. 1929. (Guttentagsche Sammlung Deutscher Reichsgesetze Bd. 83.) Geb. RM. 14.—

„... Obwohl ich mit dem Worte „unentbehrlich" sparsam umgehe, muß ich anerkennen, daß niemand, der in irgendwelcher Art mit Versicherungsgeschäften zu tun hat, den Bruck'schen Kommentar entbehren könnte." Reichsgerichtsrat Schliewen i. d. Jurist. Rundschau.

Moldenhauer, Paul, Das Versicherungswesen.
I. Allgemeine Versicherungslehre. Vierte Auflage. 152 Seiten. 1925. (Sammlung Göschen Bd. 262.) . . . . Geb. RM. 1.80
II. Die einzelnen Versicherungszweige. Zweite Auflage. 130 Seiten. 1923. (Sammlung Göschen Bd. 636.) . . . . Geb. RM. 1.80

„Das Buch ist für jeden, der sich mit dem Versicherungswesen und seinen Zweigen vertraut machen will, ein trefflicher Führer."
Versicherungspost.

Die Entwicklung des privaten Versicherungswesens in dem Jahrfünft 1902—1906. Groß-Oktav. 53 Seiten. Mit 3 Tafeln. 1909. RM. 2.—
— in dem Jahrfünft 1907—1911. Groß-Oktav. 61 Seiten. 1912. RM. 2.50

Veröffentlichungen des Reichs-Aufsichtsamts für Privatversicherung. Groß-Oktav. 29. Jahrgang. Pro Band RM. 40.—, bis RM. 50.—

Gesamtregister zu den Veröffentlichungen des Reichs-Aufsichtsamts für Privatversicherung. 1912—26. 184 Seiten. 1928 . . . . RM. 14.—

Versicherungsstatistik für 1902 über die unter Reichsaufsicht stehenden Unternehmungen. Herausgegeben vom Reichsaufsichtsamt für Privatversicherung. Lexikon-Oktav. LXXVII, 384 Seiten. 1905. RM. 10.—
— für 1903 bis 1917 . . . . Je Jahrgang RM. 10.—
— für 1928 bis 1929. 1930 . . . . RM. 24.—
— für 1930. 1931 . . . . RM. 13.—

v. Liebig, Eugen, Das deutsche Feuerversicherungswesen. Groß-Oktav. 211 Seiten. 1911 . . . . RM. 5.—

„In einer außerordentlich klaren Darstellung gibt der Verfasser einen geschichtlichen Überblick von den Gilden an bis zum gegenwärtigen Stand der Feuerversicherung in Deutschland. Das Buch ist in so flüssiger, schöner Sprache geschrieben, daß auch der Anfänger und selbst der Laie durch die fesselnde Darstellung leicht einen tiefen Einblick in das Wesen der Feuerversicherung gewinnen wird." Archiv für Versicherungswirtschaft.

Weygand, J., Die Grundzüge der Kundenversicherung. (Generalversicherung der Speditions- und Lagergüter.) Mit einer Einleitung über das Interesse als Element der Sachversicherung. Groß-Oktav. 162 Seiten. 1914 . . . . RM. 4.—

„Das interessante Werk bietet namentlich für Juristen wertvolle Hinweise zur Rechtsbehandlung der Kundenversicherungsfrage."
Archiv für Gewerbepolitik und Volkswirtschaft.

Berliner, Ludwig, und Pfaffenberger, Ernst, Aufwertung von Versicherungsansprüchen mit Durchführungsbestimmungen.
I. Teil. Oktav. 235 Seiten. 1926. Mit Nachtrag. (Guttentagsche Sammlung Deutscher Reichsgesetze Bd. 164.) . . . . Geb. RM. 6.50
II. Teil: Sach- und Transportversicherung; Unfall- und Haftpflichtversicherung. Oktav. 112 Seiten. 1926. (Guttentagsche Sammlung Deutscher Reichsgesetze Bd. 164a.) . . . . Geb. RM. 3.50

„Ein bedeutsamer Kommentar, durch den die gesetzlichen Bestimmungen von der juristischen und versicherungstechnischen Seite aus

eingehend erläutert werden. In seinem straffen, systematischen Aufbau, der Geschlossenheit der Darstellung muß man das Buch als ein Standardwerk für das gesamte versicherungsrechtliche Aufwertungsgebiet bezeichnen.

Ein unentbehrlicher Ratgeber in allen interessierten Kreisen.“

Versicherungs-Post, Berlin.

Tsirintanis, Alexander, **Die Order-Polize.** Groß-Oktav. 95 Seiten. 1930. (Hamburger Rechtsstudien, Heft 6.) RM. 6.—

Der Verfasser behandelt die Frage, inwieweit das Versicherungsrecht, um den heutigen Verkehrsbedürfnissen zu entsprechen, die Orderklausel und das Indossament verwerten kann. Nach einer Darstellung und kritischen Würdigung der Ergebnisse aus der Anorderstellung des Versicherungsscheins in anderen Ländern, insbesondere in Frankreich, versucht der Verfasser die rechtlichen und wirtschaftlichen Folgen aus der Ausstellung von Order-Polizen darzulegen. In einem besonderen Teil wird die Order-Polize mit anderen, auf denselben wirtschaftlichen Erfolg gerichteten Rechtsinstituten, namentlich der Versicherung für Rechnung wen es angeht, verglichen und die vorhandenen Unterschiede gestreift.

Lippmann, Karl, **Die Reichsversicherungsordnung** in der Fassung der Bekanntmachung vom 15. Dezember 1924 und des Gesetzes über das Reichsschiedsamt vom 22. Januar 1925 nebst dem Einführungsgesetze, den wichtigsten Ausführungsvorschriften, den ergänzenden Gesetzen und Verordnungen sowie den Verordnungen über das Verfahren. Oktav. Guttentagsche Sammlung Deutscher Reichsgesetze Bd. 161.)

2. Aufl. im Druck.

Reuß, Max, und **Hense**, Fritz. **Das Reichsknappschaftsgesetz** vom 1. Juli 1926 nebst Einführungsgesetz. 2. Aufl. Taschenformat. XVI, 640 Seiten. 1926. (Guttentagsche Sammlung Deutscher Reichsgesetze Bd. 155.) . . . . Geb. RM. 12.—

„Die Herausgabe des Gesetzes bedarf keiner besonderen Empfehlung. Das Buch kann allen, die auf dem Gebiete des Knappschaftswesens tätig sind, aufs wärmste empfohlen werden.“

Zeitschrift für Bergrecht.

Embden, Helmuth, **Versicherung für Rechnung wen es angeht.** Groß-Oktav. VIII, 39 Seiten. 1930 . . . . RM. 3.— (Hamburger Rechtsstudien, Heft 8.)

Im ersten Teil wird der versicherungsrechtliche Interessenbegriff im streng individualistischen Sinne präzisiert. Im Hauptteil versucht dann der Verfasser, die universelle Vertragsform der Versicherung für Rechnung wen es angeht in Einklang mit einer so engen Auffassung des Interessenbegriffs zu bringen.

Angestelltenversicherungsgesetz vom 28. Mai 1924. Zweite Auflage. Taschenformat. 143 Seiten. 1927. Mit Nachtrag. (Guttentagsche Sammlung Deutscher Reichsgesetze. Textausgaben ohne Anmerkungen.) Geb. RM. 2.50

Manes, Alfred, **Sozialversicherung.** 7., ergänzte Aufl. 1928. Kl.-Oktav. 139 Seiten. (Sammlung Göschen Bd. 267.) . . . . Geb. RM. 1.80

„Es gibt keine andere Darstellung der geltenden Sozialversicherung, die in solch erfreulicher Kürze und Sachlichkeit durch die annähernd 2400 Paragraphen führt.“

Hanseatische Rechts- und Gerichts-Zeitschrift.

Schmeißer, Herbert, **Das Gesetz über Arbeitsvermittlung und Arbeitslosenversicherung** in der Fassung der Notverordnung vom 1. Dezember 1930. 2 Bände. Taschenformat. Band I: XVI, 639 Seiten. 1931. Band II erscheint voraussichtlich im Winter 1931. (Guttentagsche Sammlung Deutscher Reichsgesetze Bd. 165.) . . . . Geb. RM. 15.—

Der bekannte Verfasser bringt mit diesem Werk einen Kommentar zum gesamten Arbeitsvermittlungs- und Arbeitslosenrecht, das im Laufe der Jahre umfangreichen Änderungen unterworfen war und so unübersichtlich geworden ist, daß eine straffe, übersichtliche und allgemeinverständliche Kommentierung für den Fach- und Nichtfachmann immer dringlicher wird. Der Verfasser berücksichtigt das gesamte einschlägige Material: Rechtsprechung der Arbeitsgerichte, der Spruchbehörden, der Arbeitslosenversicherung und der Beschluß- und Spruchbehörden der RVO. Die grundsätzlichen Entscheidungen des Spruchsenats für die Arbeitslosenversicherung sind bis Ende Januar 1931 verarbeitet, ferner die Begründung zu den Gesetzentwürfen und die Verhandlungen der gesetzgebenden Körperschaften. — Auch die vielen Ausführungsbestimmungen sind erläutert.

2. Arbeitsrecht

Depène, Hans, **Das Arbeitsgerichtsgesetz.** Taschenformat. (Guttentagsche Sammlung Deutscher Reichsgesetze Bd. 168.) 2. Auflage im Druck.

Arbeitsrechtliche Spruchsammlung. Beiträge zum Deutschen Handwerksblatt . . . . Pro Quartal RM. 0.90

Günther, Adolf, und **Schneider,** Richard, **Arbeiterschutz und Arbeitsrecht.** Zweite Auflage. Taschenformat.

I. Teil: **Arbeitszeitschutz.** Das Arbeitszeitnotgesetz und die übrige arbeitszeitrechtliche Gesetzgebung des Reichs seit dem 9. November 1918. 386 Seiten. 1927 . . . . Geb. RM. 7.50

„Der Kommentar umfaßt die gesamte arbeitszeitrechtliche Gesetzgebung von der Staatsumwälzung bis zur Gegenwart. Er ist ein Führer durch das weite und unübersichtliche Gebiet der arbeitszeitrechtlichen Gesetzgebung. Ein ausführliches Sachregister soll die praktische Benutzung erleichtern." Die Wirtschaftsgenossenschaft.

II. Teil: Gesetz über die **Beschäftigung Schwerbeschädigter** nebst den einschlägigen gesetzlichen Bestimmungen. 404 Seiten. 1928. (Guttentagsche Sammlung Deutscher Reichsgesetze Bd. 138a/138c.) Geb. RM. 8.—

„Das Buch stellt nicht nur beim Studium des Gesetzes ein wertvolles Hilfsmittel dar, sondern ist auch für den Handgebrauch des Arbeitsrechtspraktikers unentbehrlich." Berliner Wohlfahrtsblatt.

IV. Teil: **Betriebsstillegungsverordnung.** 240 Seiten. 1929. (Guttentagsche Sammlung Deutscher Reichsgesetze. Bd. 138d.) Geb. RM. 6.50

Warneyer, Otto, **Betriebsrätegesetz** vom 4. Februar 1920 nebst der Wahlordnung zum Betriebsrätegesetz, dem Aufsichtsratsgesetz samt Wahlordnung und den Ausführungsverordnungen des Reichs und der Länder. Auf der Grundlage der Güntherschen Textausgabe mit Anmerkungen erläutert unter besonderer Berücksichtigung der Rechtsprechung des Reichsgerichts und des Reichsarbeitsgerichts. Zweite Auflage. Taschenformat. 235 Seiten. 1931. (Guttentagsche Sammlung Deutscher Reichsgesetze Bd. 138b.) . . . . . . Geb. RM. 5.—

Diese Handausgabe ist ihrer Anlage nach ein verkürzter Kommentar, der die Entwicklung des Gesetzes, der Rechtsprechung — vor allem des Reichsarbeitsgerichts! — und der einschlägigen Literatur bis Ende 1930 berücksichtigt.

Tilly, Dr. Helmuth Tczercias von, **Internationales Arbeitsrecht.** Unter besonderer Berücksichtigung der Internationalen Arbeitsorganisation. 120 Seiten. 1924. (Sammlung Göschen Bd. 882.) . . . . Geb. RM. 1.80

Es ist das erste Werk, das in klarer, kurzer und allen leicht verständlicher Weise das gesamte grundlegende Tatsachenmaterial — und zwar nur dieses — auf dem umfassenden Gebiete des internationalen Arbeiterschutzes von dessen ersten Anfängen bis in die neueste Zeit bietet.

v. Ungern-Sternberg, Die Auflösung und Fusion von Berufsvereinen und ihre arbeitsrechtliche Bedeutung. Oktav. IV, 52 Seiten. 1931. RM. 3.50

Für laufende Tarifverträge ebenso wie für Schlichtungsverfahren haben Auflösung und Fusion von Gewerkschaften bzw. Arbeitgeberverbänden erhebliche Bedeutung. Deshalb lohnt eine zusammenfassende Durchforschung und Darstellung der Materie wohl. An Hand von Literatur und Rechtsprechung werden alle Zweifelsfragen hier geklärt. Die Schrift bringt den Beteiligten wertvolle Unterlagen für die Praxis.

3. Gewerberecht

Hiller, Fr., und Luppe, H., Gewerbeordnung für das Deutsche Reich nebst Kinderschutzgesetz und Hausarbeitsgesetz sowie den für das Reich und Preußen erlassenen Ausführungsbestimmungen. Einundzwanzigste, veränderte Auflage. (143. bis 148. Tausend.) Taschenformat. 931 Seiten. 1928. Mit Nachtrag vom 11. 2. 1929. (Guttentagsche Sammlung Deutscher Reichsgesetze Bd. 6.) . . . . . . Geb. RM. 11.—

„Ein Wort der Empfehlung für dieses Buch zu sagen, erübrigt sich. Hervorgehoben sei, daß diese Auflage alle Vorzüge der früheren Auflagen in sich schließt. Die zahlreichen neuen Gesetze sind erschöpfend berücksichtigt.“ Zeitschrift des Deutschen Notarvereins.

Brassert, H., Allgemeines Berggesetz für die preußischen Staaten mit Kommentar. Zweite Auflage, bearbeitet von Hans Gottschalk. Groß-Oktav. XXIX, 1291 Seiten. 1914. RM. 27.—, geb. RM. 30.—

Sonnenfeld, Hugo, Die reichsrechtlichen Bestimmungen, betreffend den Handel mit Drogen und Giften. Dritte, veränderte Auflage. Taschenformat. 435 Seiten. 1926. (Guttentagsche Sammlung Deutscher Reichsgesetze Bd. 64.) . . . . Geb. RM. 12.—

„Die Arbeit gehört einem Spezialgebiet an, mit dem nicht jeder Jurist zu tun hat. Wird er einmal genötigt, sich auf dieses Gebiet zu begeben, so ist er um so dankbarer für eine Arbeit, die sofort den Eindruck größter Sachkunde und vollständiger Materialsammlung macht, und deren Führung man sich unbedenklich anvertrauen kann.“ Vossische Zeitung.

Friedrichs, Karl, Gaststättengesetz vom 28. April 1930 mit den Durchführungs- und Ausführungsverordnungen des Reichs und Preußens. Taschenformat. VIII, 144 Seiten. 1930. (Guttentagsche Sammlung Deutscher Reichsgesetze, Textausgabe mit Erläuterungen und Sachregister, Band 176.) . . . . RM. 3.50

Eine vollständige und zuverlässige Erläuterung des neuen Gesetzes; die Durch- und Ausführungsverordnungen für das Reich und Preußen sind wörtlich abgedruckt und, soweit notwendig, erläutert.

Lebbin, Georg, Nahrungsmittelgesetze mit Erläuterungen. Zweite, stark vermehrte Auflage in zwei Bänden.

I. Band: Das Lebensmittelgesetz vom 5. Juli 1927 mit Nebengesetzen (Margarine, Fleisch, Milch, Süßstoff, Essigsäure usw.). Erläutert von G. Lebbin und R. Gießner. Taschenformat. XVI, 419 Seiten. 1928. Geb. RM. 8.50

II. Band: Getränkegesetze und Getränkesteuergesetze (Wein, Bier, Branntwein, Mineralwasser). Unter Mitarbeit von Rechtsanwalt Dr. Kniebe. Taschenformat. XII, 400 Seiten. 1926. (Guttentagsche Sammlung Deutscher Reichsgesetze Bd. 54b.) . . . . Geb. RM. 10.—

„Das Werk ist für unsere Leser und überhaupt die ganze Fachwelt der Getränkeindustrie unentbehrlich, muß doch jedermann mit den einschlägigen Gesetzesbestimmungen sich soweit wie irgend möglich vertraut machen, wenn er nicht in Nachteile geraten will. Die Anschaffung des Buches kann bestens empfohlen werden.“

Branntweinmonopol.

Voß, Werner, Die reichs- und landesrechtlichen Bestimmungen auf dem Gebiete des Gesundheitswesens. Taschenformat. 608 Seiten. 1929. (Guttentagsche Sammlung Deutscher Reichsgesetze Bd. 172.) Geb. RM. 11.—

„Das Buch wird seiner Aufgabe, fast den gesamten Gesetzesstoff in einem einzigen kleinen Bande in die Hand zu geben, gewiß gerecht und wird sich schnell als unentbehrliches Hilfsmittel für jeden erweisen, der öfter mit dem Gesundheitswesen zu tun hat." Reichsverwaltungsblatt.

4. Geistig-gewerblicher Rechtsschutz.

Elster, Alexander, **Urheber- und Erfinder-, Warenzeichen- und Wettbewerbsrecht.** (Gewerblicher Rechtsschutz.) Zweite, stark erweiterte und völlig umgearbeitete Auflage. Mit Abdruck der Gesetzestexte. Oktav. XII, 611 Seiten. 1928. Mit Nachtrag 1931. (Lehrbücher und Grundrisse der Rechtswissenschaft Bd. VIII.) RM. 18.—, geb. RM. 19.50

„Seit Kohler und Osterrieth endlich wieder das lang entbehrte Lehrbuch. Hier unternimmt ein wahrhaft selbständiger und ideenreicher Kopf den Versuch, eine wirkliche Synthese zu schaffen." Juristische Rundschau.

Neuberg, J., **Der internationale gewerbliche Rechtsschutz.** 2. Auflage. 128 Seiten. 1923. (Sammlung Göschen Bd. 271.) . . . Geb. RM. 1.80

Daude, Paul, **Die Reichsgesetze über das Urheberrecht an Werken der Literatur und der Tonkunst und das Verlagsrecht vom 19. Juni 1901** in der Fassung des Gesetzes vom 22. Mai 1910 zur Ausführung der revidierten Berner Übereinkunft. Oktav. VIII, 293 Seiten. 1910. RM. 6.—

„Der Zusammenhang der erläuterten Gesetze mit dem Strafgesetzbuch, dem Bürgerlichen Gesetzbuch und anderen Gesetzen ist in leichtverständlicher Weise praktisch dargestellt. Es wird vorzügliche Dienste leisten." Deutsche Literatur-Zeitung.

Lindemann, O., **Gesetz, betr. das Urheberrecht** an Werken der Literatur und der Tonkunst. Vierte Auflage. Taschenformat. 171 Seiten. 1921. (Guttentagsche Sammlung Deutscher Reichsgesetze Bd. 60.) Geb. RM. 1.80

„Die Arbeit ist nicht bloß eine Gesetzesausgabe, sondern ein wertvoller Kommentar des Gesetzes. Das Werk sei jedermann auf das beste empfohlen." Juristische Wochenschrift.

Fuld, Ludwig, **Gesetz, betr. das Urheberrecht an Werken der bildenden Künste und der Photographie.** Zweite Auflage. Taschenformat. 192 Seiten. 1925. (Guttentagsche Sammlung Deutscher Reichsgesetze Bd. 81.) . . . . Geb. RM. 6.—

„Der zwar kleine, aber inhaltreiche und daher sehr beliebte Kommentar von Fuld erscheint in zweiter, völlig neubearbeiteter Auflage. Überall ist dem Stande der heutigen Rechtsprechung und wissenschaftlichen Auffassungen Rechnung getragen. In einem Anhang sind die einschlägigen internationalen Übereinkommen abgedruckt. Alle Interessenten werden mit Freuden die neue Auflage begrüßen." Danziger Juristische Monatsschrift.

Reininger, G., **Der Schutz des Urheberrechts im deutschen Rundfunk.** Oktav. 88 Seiten. 1929 . . . . RM. 4.—

„Eine interessante, zeitgemäße, namentlich auch für geistige Neuschöpfer wichtige Studie." Badische Rechtspraxis.

Andritzky, Christoph, **Die Rechtsstellung des Drehbuchautors.** Oktav. XI, 80 Seiten. 1931 . . . . RM. 3.50

Andritzky äußert sich zu den Streitfragen um die Urheberschaft am Film. Er trennt scharf zwischen künstlerischer Leistung und künstlerisch-urheberischer Schöpfung und kommt zu der These: Der Filmurheber ist der Urheber des kurbelfertigen Drehbuches. — Die

Verhältnisse beim Tonfilm sind, soweit dies möglich erschien, berücksichtigt.

Heinitz, Ernst, und Marwitz, Bruno, Das Reichsgesetz über das Verlagsrecht. Textausgabe mit Einleitung, Anmerkungen und Sachregister. Dritte Auflage. Taschenformat. 136 Seiten. 1922. (Guttentagsche Sammlung Deutscher Reichsgesetze Bd. 61.) . . . . . Geb. RM. 1.60

„Dieser kurze Kommentar ist durch seine knappen, das Wichtige klar vortragenden Darlegungen dazu berufen, eine Lücke auszufüllen, die sich für den Praktiker des Verlagsrechts seit Jahren ergab. Man darf deshalb das Erscheinen dieser neuen Auflage aus der Feder des Spezialisten des Verlagsrechts mit größter Freude begrüßen."
Börsenblatt für den Deutschen Buchhandel.

Elster, A., Das deutsche Urheber- und Verlagsrecht. 128 Seiten. 1923. (Sammlung Göschen Bd. 863.) . . . . Geb. RM. 1.80

„Erstaunlich ist, wie Elster diese beiden so viel umstrittenen Gesetze auf so engem Raum in vortrefflicher Weise zur Darstellung gebracht hat." *Deutscher Journalistenspiegel.*

Heymann, E., Die zeitliche Begrenzung des Urheberrechts. Oktav. 74 Seiten. 1927. (Sitzungsberichte der Preußischen Akademie der Wissenschaften zu Berlin.) . . . . RM. 5.—

Pietzcker, Eduard, Patentgesetz und Gebrauchsmusterschutzgesetz. Kommentar unter Berücksichtigung der vorgeschlagenen und weiter beantragten Abänderungen des Patentgesetzes. Erster Halbband: §§ 1—12 PatG. Groß-Oktav. 427 Seiten. 1929. (Gewerbe- und Industrie-Kommentar Bd. V, 1.) Der zweite, das Werk abschließende Band, wird 1932 erscheinen. . . . . . . RM. 26.—, geb. RM. 28.—

„Die überall zutage tretende geistige Leistung macht Pietzckers Kommentar für jeden, der sich mit diesem Rechtsgebiet zu beschäftigen hat, zum unentbehrlichen Rüstzeug."
Markenschutz und Wettbewerb.

Seligsohn, Arnold, Patentgesetz und Gesetz, betr. den Schutz von Gebrauchsmustern. Siebente Auflage. Oktav. 1931. In Bearbeitung.

Lutter, R., Patentgesetz. Nebst Ausführungsbestimmungen, völkerrechtlichen Verträgen und Patentanwaltsgesetz, unter eingehender Berücksichtigung der Rechtsprechung des Reichsgerichts und der Praxis des Reichspatentamts. Neunte Auflage. Taschenformat. XV, 467 Seiten. 1928. (Guttentagsche Sammlung Deutscher Reichsgesetze Bd. 22.)
Geb. RM. 10.—

„Der jetzige Verfasser hat einen völlig neuen Kommentar geschaffen, der in seiner Knappheit und Sparsamkeit dem ursprünglichen Zweck gerecht wird, aber an wissenschaftlicher Durcharbeitung und Gründlichkeit die vorangegangenen Auflagen weit überragt."
Gewerblicher Rechtsschutz und Urheberrecht.

Elster, A., Das deutsche Erfinderrecht. (Patent- und Musterschutzrecht). 118 Seiten. 1924. (Sammlung Göschen Bd. 891.) . . Geb. RM. 1.80

„Die Aufgabe, einen Überblick über das deutsche Erfinderrecht zu geben, ist im Rahmen der kurzen Erörterungen mit viel Geschick gelöst. Deshalb wird das Büchlein auch bei allen Gruppen der am Patentrecht interessierten Personen seine Freunde finden."
Gewerblicher Rechtsschutz und Urheberrecht.

Seligsohn, Jul., Geheimnis und Erfindungsbesitz. Groß-Oktav. 147 Seiten. 1921 . . . . RM. 3.—

Pinner-Elster, Gesetz gegen den unlauteren Wettbewerb. Achte, sehr vermehrte und umgestaltete Auflage. Taschenformat. 254 Seiten. 1927. (Guttentagsche Sammlung Deutscher Reichsgesetze Bd. 37.)
Geb. RM. 5.—

„Das Buch ist mehr als eine bloße ‚Textausgabe mit Anmerkungen', nämlich ein richtiger Kommentar, und wird in der Praxis ausgezeichnete Dienste tun."
Senatspräsident am Reichsgericht Dr. Lobe, Leipzig, i. d. Jurist. Wochenschrift.

Wassermann, Martin, **Der unlautere Wettbewerb** nach deutschem Recht. I. Generalklausel, Reklameauswüchse, Ausverkaufswesen, Angestelltenbestechung. 160 Seiten. 1911. II. Kreditschädigung, Firmen- und Namenmißbrauch, Verrat von Geheimnissen, Ausländerschutz. 151 Seiten. 1911. (Sammlung Göschen Bd. 339 u. 535.) . . . Geb. je RM. 1.80

Wolff, F., und **Crisolli,** K.-A., **Das Recht der Reklame.** Lexikon-Oktav. 424 Seiten. 1929 . . . . RM. 20.—, geb. RM. 22.—
„. . . Mit großer Umsicht ist ein umfänglicher Stoff gesammelt und in gründlicher Arbeit juristisch durchdrungen und dargestellt. Das Buch ist wohl in erster Reihe für Juristen bestimmt, aber auch für wirtschaftliche Kreise und Reklamefachleute wertvoll und jedenfalls für die Beschäftigung mit diesem Sondergebiet ein zuverlässiges Hilfsmittel." Juristische Rundschau.

Hagens, Alfred, **Warenzeichenrecht.** Kommentar. Groß-Oktav. VIII, 408 Seiten. 1927. (Gewerbe- und Industrie-Kommentar Bd. III.)
RM. 22.—, geb. RM. 24.—
„Eine ausführliche Darstellung, die zeigt, daß der Verfasser das gesamte Fachschrifttum und die reichhaltige Rechtsprechung restlos beherrscht. Ich habe gefunden, daß nicht ein einziger Fall von Bedeutung fehlt." Markenschutz und Wettbewerb.

Seligsohn, Arnold, **Gesetz zum Schutz der Warenbezeichnungen.** Dritte Auflage, bearbeitet in Gemeinschaft mit Martin Seligsohn in Berlin. Groß-Oktav. IV, 416 Seiten. 1925. RM. 15.—, geb. RM. 16.50
„Der Kommentar zeigt alle Vorzüge des in der Wissenschaft und Praxis des gewerblichen Rechtsschutzes gleich ausgezeichneten Juristen: volle theoretische und praktische Beherrschung des Stoffes, klare Darstellungsgabe, sorgsame Behandlung und treffsicheres Urteil."
Badische Rechtspraxis.

Freund, G. S., **Magnus,** Julius, und **Jüngel,** Friedrich, **Das deutsche Warenzeichenrecht.** Sechste, neubearbeitete Auflage. Teil I: Die internationalen Verträge. VI, 247 Seiten. Mit 4 Tafeln. 1924. (Guttentagsche Sammlung Deutscher Reichsgesetze Bd. 87a.) Geb. RM. 9.—
„Das ganze Werk mit seiner Fülle von Gesetzen, Verordnungen, Verträgen, Bekanntmachungen bildet eine Quellensammlung für das internationale deutsche Zeichenrecht, ohne die man fortan nicht mehr auskommen kann." Gewerblicher Rechtsschutz und Urheberrecht.

Born, A., **Reichspreßgesetz** vom 7. Mai 1874 in der jetzt geltenden Fassung nebst den einschlägigen Bestimmungen der Reichsverfassung, des Reichsstrafgesetzbuches, der Gewerbeordnung usw. Mit Kommentar und Sachregister. Vierte, veränderte Auflage. Taschenformat. 234 Seiten. 1931. (Guttentagsche Sammlung Deutscher Reichsgesetze Bd. 53.) . . . . Geb. RM. 6.—
„Das Werk bringt eine sehr reichhaltige Kommentierung des Stoffes, die um so wertvoller ist, als den Entscheidungen der Wortlaut der Urteilsbegründungen beigefügt ist. Sämtliche einschlägigen Bestimmungen der das Pressewesen berührenden Gesetze sind aufgeführt, eingehend besprochen und in Beziehung zueinander gebracht worden. Als Nachschlagewerk in Zweifelsfällen wird das Buch von großem Nutzen sein." Ministerialblatt für die preußische innere Verwaltung.

IV. Zivilprozeß

Fischer, Otto, **Lehrbuch des deutschen Zivilprozeß- und Konkursrechts.** Groß-Oktav. XII, 488 Seiten. 1918 . . . RM. 8.—, geb. RM. 10.—

Kisch, Wilh., Deutsches Zivilprozeßrecht.
I. Band. Vierte, verbesserte Auflage. 115 Seiten. 1929. (Sammlung Göschen Bd. 428.) . . . . Geb. RM. 1.80
II. Band. Vierte, verbesserte Auflage. 168 Seiten. 1929. (Sammlung Göschen Bd. 430.) . . . . Geb. RM. 1.80
III. Band. Vierte, verbesserte Auflage. 148 Seiten. 1929 (Sammlung Göschen Bd. 430.) . . . . Geb. RM. 1.80
Diese Auflage wird jedem, der sich auf gemeinverständliche Weise über unser geltendes Zivilgerichtswesen unterrichten will, gute Dienste leisten, und kann namentlich den Studierenden des Rechts als Einführung bestens empfohlen werden.

Sydow, R., Busch, L., und Krantz, W., Zivilprozeßordnung und Gerichtsverfassungsgesetz nebst Anhang, enthaltend Entlastungsgesetze und die Notverordnung vom 1. Dezember 1930. Handkommentar unter besonderer Berücksichtigung der Entscheidungen oberster Gerichte. Neubearbeitete, zwanzigste Auflage. Zwei Bände. Groß-Oktav. VIII, VIII und 1540 Seiten. 1930 . . . . Geb. RM. 33.—
(de Gruytersche Sammlung Deutscher Gesetze, Handkommentare.)
„Auch innerlich ist der ausgezeichnete Handkommentar von Sydow-Busch-Krantz verändert. Es sind viele veraltete Entscheidungen ausgemerzt und dafür die Erläuterungen durch eingehendere Darlegungen zweckmäßig erweitert worden. An der Grundanlage des Buches wurde nichts geändert, die Druckanordnung ist noch übersichtlicher als bisher. So wird das Buch seine alten Freunde behalten und ohne Zweifel viele neue hinzuerwerben."
Leipziger Zeitschrift für deutsches Recht.

Rosenberg, L., Zivilprozeßgesetzgebung. Taschenformat. 580 Seiten. 1930. Geb. RM. 8.—
(Lehrausgaben Deutscher Gesetze, Bd. II.)
„Die Besonderheiten dieser handlichen und erschöpfenden Ausgabe der Zivilprozeßgesetzgebung bestehen in der sachlichen Ordnung des umfassenden Stoffes, in der Hervorhebung von besonders Wesentlichem durch Sperrdruck, und vor allem aber darin, daß den einzelnen Paragraphen in systematischer Weise Überschriften vorausgeschickt sind, die die hier besonders wichtige Aufgabe erfüllen, den Aufbau des Gesetzes und den Zusammenhang der einzelnen Vorschriften klar erkennen zu lassen." Juristische Wochenschrift.

Zivilprozeßordnung mit Gerichtsverfassungsgesetz und Einführungsgesetzen in der Fassung der Bekanntmachung vom 13. Mai 1924 mit den bis 1. April 1929 ergangenen Abänderungen. Textausgabe mit Sachregister. Taschenformat. 440 Seiten. 1929. (Guttentagsche Sammlung von Textausgaben ohne Anmerkungen.) . . . Geb. RM. 3.50
Die handliche Ausgabe enthält den genannten Gesetzestext mit einem das Zurechtfinden sehr erleichternden Sachregister.

Der neue Entwurf einer Zivilprozeßordnung. Veröffentlicht durch das Reichsjustizministerium. Lexikon-Oktav. 561 Seiten mit 2 Paragraphen-Verzeichnissen. 1931 . . . . RM. 10.—, geb. RM. 12.—

Sydow, R., Busch, L., und Krantz, W., Gerichtsverfassungsgesetz mit Einführungsgesetz. Unter besonderer Berücksichtigung der Entscheidungen des Reichsgerichts. Zehnte Auflage. Taschenformat. 347 Seiten. 1925. (Guttentagsche Sammlung Deutscher Reichsgesetze Bd. 14.)
Geb. RM. 6.—
„Das Buch bedarf keiner Empfehlung, es empfiehlt sich selbst durch die Fülle dessen, was es bietet. Gesetzgebung und Rechtsprechung sind bis in die neueste Zeit berücksichtigt."
Leipziger Zeitschrift für Deutsches Recht.

Rausnitz, Julius, Gebührenordnung für Notare vom 28. Oktober 1922 (GS. 404) nebst den einschlägigen Vorschriften des Preußischen Gerichtskostengesetzes vom 28. Oktober 1922 (GS. 363), beide in der Fassung der Gesetze vom 12. April 1923 (GS. 107), 18. Dezember 1923 (GS. 556) und der Verordnung vom 28. Juni 1924 (GS. 573). Sechste, umgearbeitete Auflage. Oktav. 158 Seiten. 1925. (Guttentagsche Sammlung Preußischer Gesetze Bd. 4.) . . . Geb. RM. 7.—

„Der in seiner äußeren Form sehr handlich und gut ausgestaltete Kommentar kann nur auf das wärmste empfohlen werden. Er wird sehr bald ein unentbehrlicher, weil nie versagender Ratgeber werden, der die Berufsarbeit sehr erleichtern wird." *Juristische Wochenschrift.*

Sydow, R., Busch, L., und Krieg, O., Die Deutsche Gebührenordnung für Rechtsanwälte, das Gesetz, betreffend die Erstattung von Rechtsanwaltsgebühren in Armensachen, und die Preußische Landesgebührenordnung mit Erläuterungen. Auf der Grundlage der Sydow-Busch'schen Textausgabe mit Anmerkungen in dreizehnter Auflage unter Mitaufnahme des Gesetzes über die Erstattung in Armensachen neubearbeitet. Taschenformat 496 Seiten. 1929. (Guttentagsche Sammlung Deutscher Reichsgesetze Bd. 17.) . . . . Geb. RM. 9.—

„Die Erläuterung der Gebührenordnung bietet besonders Wertvolles. Sie steht schon lange unter den Anmerkungsausgaben mit an erster Stelle. Und das mit Recht."
Zeitschrift des Bundes Deutscher Justizamtmänner.

Sydow, R., Busch, L., und Krieg, O., Deutsches Gerichtskostengesetz nebst Gebührenordnung für Gerichtsvollzieher und für Zeugen und Sachverständige in den neuesten Fassungen. Auf der Grundlage der Sydow-Busch'schen Textausgabe mit Anmerkungen neubearbeitet in elfter Auflage. Taschenformat. XI, 433 Seiten. 1928. (Guttentagsche Sammlung Deutscher Reichsgesetze Bd. 15.) . . . . Geb. RM. 7.50

„Die neue Auflage bietet unter gründlicher Berücksichtigung der gesamten einschlägigen Rechtsprechung eine zeitgemäße, übersichtliche und erschöpfende Erläuterung des Gesetzes. Für den täglichen Gebrauch in der Praxis erscheint diese Textausgabe mit Anmerkungen als unentbehrlich."
Dr. Natter in der „Württembergischen Zeitschrift für Rechtspflege".

Lindemann, Otto, Preußisches Gerichtskostengesetz (neueste Fassung). Nach dem Tode des früheren Herausgebers P. Siméon erläutert. Achte, völlig umgearbeitete Auflage. Taschenformat. 439 Seiten. 1928. (Guttentagsche Sammlung Preußischer Gesetze Bd. 17.)
Geb. RM. 8.—

„Die achte Auflage dieser bekannten Ausgabe des Preußischen Gerichtskostengesetzes ist entsprechend den bedeutsamen Änderungen der letzten Jahre völlig umgearbeitet. Die gesamte Rechtsprechung wurde eingehend berücksichtigt, so daß hier eine Erläuterung vorliegt, die Zuverlässigkeit und Vollständigkeit in sich verbindet."
Mitteilungen des Preußischen Richtervereins.

Freiwillige Gerichtsbarkeit

Jastrow, Hermann, und Günther, Hermann, Die Gesetze des Reiches und Preußens über die freiwillige Gerichtsbarkeit. Textausgabe mit Einleitung, Anmerkungen und Sachregister. Siebente, vermehrte Auflage. Taschenformat. 548 Seiten. 1928. (Guttentagsche Sammlung Deutscher Reichsgesetze Bd. 46.) . . . . Geb. RM. 9.—

„Die Anmerkungen unterrichten in zuverlässiger Weise über die wichtigste Rechtsprechung des Reichsgerichts und der deutschen Oberlandesgerichte auf dem Gebiete der freiwilligen Gerichtsbarkeit. Ein ausführliches Sachregister erhöht die Brauchbarkeit des bewährten Buches, das auch in der neuen Auflage seinen Zweck auf das beste erfüllen wird." *Juristische Wochenschrift.*

Die Gesetze des Reiches und Preußens über die freiwillige Gerichtsbarkeit. Textausgabe mit Sachregister. Taschenformat. 168 Seiten. 1930.

(Guttentagsche Sammlung von Textausgaben ohne Anmerkungen mit Sachregister.) . . . . RM. 3.—
Das Buch enthält in der bekannten Art der Guttentagschen Gesetzesausgaben außer dem „Gesetz über die Angelegenheiten der freiwilligen Gerichtsbarkeit" alle in dieses Gebiet fallenden sonstigen Gesetze, Ausführungsbestimmungen, Abkommen, Verordnungen usw. in absolut zuverlässigem Abdruck und ein das Zurechtfinden sehr erleichterndes Sachregister.

Szkolny, Felix, und **Kober**, Leopold, **Das Notariatrecht**, unter besonderer Berücksichtigung des materiellen Rechts und des Steuer- und Stempelrechts erläutert. Oktav. 236 Seiten. 1926. (Guttentagsche Sammlung Deutscher Reichsgesetze Bd. 163.) . . . . Geb. RM. 8.50
„Die Darlegung des materiellen Rechts, soweit es in der täglichen Anwendung den Notar hauptsächlich beschäftigt. Es wird die Beurkundung einzelner Rechtsgeschäfte und anderer Rechtsvorgänge behandelt. Die Ausführungen verwerten die neueste Lehre und Rechtsprechung eingehend, die Darstellung ist leicht faßlich und klar, einzelne Muster vervollkommnen das anschauliche Bild."
Zeitschrift des Deutschen Notarvereins.

Szkolny, Felix, Die Belehrungspflicht des Notars. Oktav. 52 Seiten. 1927. RM. 2.—
„Ein trotz seines geringen Umfanges sehr nützliches Buch, für das wir dem Verfasser Dank wissen müssen."
Zeitschrift des Deutschen Notarvereins.

Konkursordnung und Zwangsvollstreckung

Jaeger, Ernst, **Kommentar zur Konkursordnung** und den Einführungsgesetzen. Mit einem Anhang, enthaltend das Anfechtungsgesetz, die Vergleichsordnung, Auszüge aus den Kostengesetzen, Ausführungsgesetze und Geschäftsordnungen. Sechste und siebente, neubearbeitete Auflage. Lexikon-Oktav. Der Umfang des Gesamtwerkes umfaßt etwa 100 Bogen. Die Ausgabe erfolgt in Lieferungen.
Erster Band: §§ 1—46. XXVIII, 828 Seiten. 1928—1931.
RM. 45.—, geb. RM. 54.—
(Der Kauf des ersten Bandes verpflichtet zum Bezug des ganzen Werkes, das Erscheinen von Band 2 (Schlußband) ist 1932 zu erwarten.)
„. . . Kurz gesagt: das Buch ist das unübertreffliche Standardwerk, der Kommentar zur Konkursordnung." Deutsche Richterzeitung.
„Das Jaegersche Werk ist ohne Zweifel der beste von den mehreren guten Kommentaren zur Konkursordnung, die wir besitzen."
Zeitschrift für Deutschen Zivilprozeß.

Sydow, R., **Busch**, L., und **Krieg**, O., **Konkursordnung** und Anfechtungsgesetz mit Erläuterungen. Auf der Grundlage der Sydow-Buschschen Textausgabe mit Anmerkungen in fünfzehnter Auflage unter Mitaufnahme der Vergleichsordnung neubearbeitet. Taschenformat. 816 Seiten. 1929. (Guttentagsche Sammlung Deutscher Reichsgesetze Bd. 13.) . . . . Geb. RM. 12.—
„Die Erläuterungsbücher von Sydow-Busch sind als Kommentare mittleren Umfanges seit vielen Jahren in der Juristenwelt rühmlichst bekannt." Juristische Rundschau.

Fischer, K., und Schäfer, L., Die Gesetzgebung, betr. die Zwangsvollstreckung in das unbewegliche Vermögen im Reiche und in Preußen. Bearbeitet von J. Krech und O. Fischer. Zweite Auflage. Lexikon-Oktav. XVI, 728 Seiten. 1910 . . . RM. 15.—, geb. RM. 18.—
„Unter den zahlreichen Bearbeitungen des Zwangsvollstreckungsgesetzes ist der Kommentar von Fischer und Schäfer wohl der wissenschaftlich bedeutendste. Überall sind die Erläuterungen systematisch, manchmal

geradezu lehrbuchartig aufgebaut, die leitenden Gedanken treten trotz der Fülle der behandelten Einzelfragen klar und deutlich hervor."
Zeitschrift für Rechtspflege in Bayern.

Krech, J., und Fischer, O., Die Gesetzgebung, betr. die Zwangsvollstreckung in das unbewegliche Vermögen im Reiche und in Preußen. Textausgabe mit Einleitung, Anmerkungen und Sachregister. Zehnte Auflage, bearbeitet von O. Fischer. Taschenformat. 266 Seiten. 1929. (Guttentagsche Sammlung Deutscher Reichsgesetze Bd. 43.)
Geb. RM. 5.—

„Einer besonderen Empfehlung dieser handlichen Ausgabe, deren Hauptteil das Gesetz über die Zwangsversteigerung und Zwangsverwaltung bildet, bedarf es nicht. Gesetzgebung, Rechtsprechung und Rechtslehre sind bis zur Gegenwart berücksichtigt."
Sächsisches Archiv für Rechtspflege.

Kretzschmar, F., Die Zwangsversteigerung und die Zwangsverwaltung. 110 Seiten. 1911. (Sammlung Göschen Bd. 523.) . . Geb. RM. 1.80

Huyke, W., **Offenbarungseid und Haft im Zivilprozeß.** Taschenformat. 1930. (Guttentagsche Sammlung Deutscher Reichsgesetze, Bd. 177.) RM. 4.—

Dieser Band bietet eine ganz auf die Praxis zugeschnittene Erläuterung der das Offenbarungseidsverfahren betreffenden Paragraphen der ZPO. und gibt in einem allgemeinen Teil zuverlässig Auskunft über die sich auf diesem Gebiete ergebenden Streit- und Zweifelsfragen. Die Rechtsprechung der höheren Gerichte und die Literatur ist berücksichtigt worden.

V. Strafrecht und Strafprozeß

Strafgesetzbuch

Ebermayer, Ludwig, **Lobe,** Adolf und **Rosenberg,** Werner, **Das Reichsstrafgesetzbuch,** Leipziger Kommentar mit besonderer Berücksichtigung der Rechtsprechung des Reichsgerichts. Vierte, vermehrte und verbesserte Auflage. Lexikon-Oktav. X, 1282 Seiten. 1929.
RM. 56.—, in Halbleder geb. RM. 63.—

„Zusammenfassend wird man sagen müssen, daß der Kommentar nun wohl endgültig an die Spitze der großen Kommentare zum StGB. getreten ist." Zeitschrift für Rechtspflege in Bayern.

Kohlrausch, Eduard, **Strafgesetzbuch für das Deutsche Reich mit Nebengesetzen.** Textausgabe mit Anmerkungen und Sachregister. Früher von Dr. Fr. v. Liszt u. Dr. E. Delaquis. Neunundzwanzigste Auflage. Taschenformat. X, 562, *48 Seiten. 1930. (Guttentagsche Sammlung Deutscher Reichsgesetze Bd. 2.) . . . . Geb. RM. 8.—

„Ein Buch, an Hand dessen eine schnelle und zuverlässige Orientierung über die wichtigsten Auslegungsfragen möglich ist. Es dient in gleicher Weise dem Studierenden zur Einführung in eine Lektüre des Gesetzes wie dem Praktiker zur schnellen Auffindung einer Entscheidung."
Rechtsanwalt Dr. Max Alsberg in der „Juristischen Wochenschrift".

v. Liszt, Fr., **Lehrbuch des deutschen Strafrechts.** Sechsundzwanzigste, vollkommen durchgearbeitete und zum Teil umgestaltete Auflage, besorgt von Dr. E. Schmidt, Professor an der Universität Kiel.
Im Druck.

Gerland, H. B., **Das deutsche Reichsstrafrecht.** Oktav. 600 Seiten. 1922. (Lehrbücher und Grundrisse der Rechtswissenschaft Bd. XVI.)
RM. 10.—, geb. RM. 11.50

„Durch knappe, geradezu klassische Kürze zeigende Darstellung gelang es Gerland, auf engem Raume eine ungeheure Fülle des Stoffes zu bieten und auf jede Frage Antwort zu geben."
Juristische Wochenschrift.

Gerland, H., Der Entwurf 1925. Allgemeiner Teil. Kritische Bemerkungen. Oktav. 96 Seiten. 1925 . . . . RM. 5.—
„Eine außerordentlich interessante Abhandlung. Die Schrift stellt ein fast unentbehrliches Hilfsmittel für jeden dar, der sich mit den einschlägigen Fragen zu beschäftigen hat."
Mitteilungen des Preußischen Richtervereins.

Aschrott, P. F., u. Kohlrausch, Ed., Reform des Strafrechts. Kritische Besprechung des Amtlichen Entwurfs eines Allgemeinen Deutschen Strafgesetzbuchs. Auf Veranlassung der Deutschen Landesgruppe der Internationalen Kriminalistischen Vereinigung unter Mitwirkung erster Fachgenossen herausgegeben. Gr.-Oktav. V, 415 S. 1926. RM. 18.—
„Die gestellte Aufgabe ist glänzend gelöst. Kaum ein Punkt ist übersehen worden, der die Kritik herausfordert. — Niemand, der an der endgültigen Gestaltung unseres Strafrechts Anteil nimmt, darf an dieser Sammelkritik achtlos vorübergehen."
Geh. Hofrat Prof. Dr. v. Lilienthal in der „Deutschen Juristen-Zeitung".

Sammlung außerdeutscher Strafgesetzbücher in deutscher Übersetzung. Herausgegeben von den Schriftleitungen der Zeitschrift für die ges. Strafrechtswissenschaft u. d. Mitteilungen der Internationalen Kriminalistischen Vereinigung. Nr. 1—43. 1881—1914 . . Preise auf Anfrage.

Nr. 44:
Japanische Strafgesetze. I. Schwurgerichtsordnung vom 18. April 1923 und strafrechtliche Nebengesetze. Übersetzt von Hyoichiro Kusano, Reichsgerichtsrat in Tokio, Tadao Sugiura, Oberlandesgerichtsrat in Sapporo, und Dr. jur. Fritz Bartelt in Berlin. II. Strafvollzugsgesetz vom 28. März 1908 nebst Ausführungsverordnung vom 16. Juni 1908. Übersetzt von Dr. jur. Toshita Tokiwa, Gerichtsassessor in Tokio, und Dr. jur. Werner Gentz, Justizrat beim Strafvollzugsamt in Kiel. Groß-Oktav. 55 Seiten. 1927. RM. 3.—

Nr. 45:
Die Auslieferungsgesetze Norwegens, Schwedens und Finnlands. Mit einer systematischen Darstellung der Grundzüge des nordischen Auslieferungsrechts im Hinblick auf den Erlaß eines deutschen Auslieferungsgesetzes Von Dr. jur. Ernst Wolgast, Privatdozent in Königsberg i. Pr. Groß-Oktav. VIII, 487 Seiten. 1928. . . RM. 20.—

Nr. 46:
Das Türkische Strafgesetzbuch vom 1. März 1926. Gesetz Nr. 765. (Türkisches Gesetzblatt Nr. 320 vom 13. März 1926.) Das Ausführungsgesetz zum Türkischen Strafgesetzbuch vom 26. April 1926. Deutsche Übersetzung von Dr. K. Ziemke. Groß-Oktav. 138 Seiten. 1927 . . . . RM. 5.—

Nr. 47:
Entwurf eines griechischen Strafgesetzbuches. Übersetzt und eingeleitet von Demetrius G. Venturas, Rechtsanwalt in Korfu, Griechenland. Groß-Oktav. 123 Seiten. 1928 . . . . RM. 7.—

Nr. 48:
Italienischer Vorentwurf zu einem neuen Strafgesetzbuch. (Progetto di un nuovo codice penale.) In deutscher Übersetzung von Dr. K. Bunge, Landgerichtsrat in Berlin. Groß-Oktav. XXXII, 244 Seiten. 1928 . . . . RM. 10.—

Nr. 49:
Strafgesetzbuch (Ugolownyj Kodex) **der Russischen Sozialistischen Föderativen Sowjet-Republik** (R.S.F.S.R.) vom 22. November 1926, übersetzt von Dr. Wilhelm Gallas, Gerichtsassessor in Berlin. Groß-Oktav. 68 Seiten. 1930 . . . . RM. 4.—

Lindemann, Otto, Sammlung der wichtigsten preußischen Strafgesetze. Zweite Auflage. Taschenformat. 372 Seiten. 1912. (Guttentagsche Sammlung Preußischer Gesetze Bd. 34.) . . . . . Geb. RM. 3.50

„. . . Nur mittels einer solchen ausgezeichneten Sammlung ist es möglich, auch die zerstreuten Gebiete des Strafrechts völlig zu beherrschen." Deutsche Juristen-Zeitung.

Fraustädter, Werner, **Deutsches Auslieferungsgesetz** vom 23. Dezember 1929 und andere neuere Vorschriften der Rechtshilfe in Strafsachen, einschließlich der Auslieferung. Textausgabe mit Einleitung, Erläuterungen und Sachregister. Taschenformat. 143 Seiten. 1930. (Guttentagsche Sammlung Deutscher Reichsgesetze Bd. 86.) . Geb. RM. 4.—

Die neue Auflage enthält eine ausführliche Erläuterung der neuen Bestimmungen sowie einen Abdruck der wichtigsten Verträge und Vorschriften und ermöglicht einen vollständigen Überblick über den gegenwärtigen Stand des deutschen Auslieferungsrechtes.

Lindemann, Otto, **Polizeiverordnungen in Preußen.** Zweite Auflage. Taschenformat. 189 Seiten. 1912. (Guttentagsche Sammlung Preußischer Gesetze Bd. 36.) . . . . Geb. RM. 2.50

Abhandlungen des Kriminalistischen Instituts an der Universität Berlin. Herausgegeben von Dr. **Franz von Liszt,** o. Professor der Rechte. Sonderverzeichnis kostenlos. Vierte Folge. I. Band.

Heft 1:
Dannenberg, Herbert, **Liberalismus und Strafrecht im 19. Jahrhundert unter Zugrundelegung der Lehren Karl Georg von Waechters.** Oktav. IV, 66 Seiten. 1925 . . . . RM. 3.—

Heft 2:
Tarnowski, Hans, **Die systematische Bedeutung der adäquaten Kausalitätstheorie für den Aufbau des Verbrecherbegriffs.** Oktav. X, 340 Seiten. 1927 . . . . RM. 18.—

Heft 3:
Ehrlich, Lore, **Der Verrat von Betriebsgeheimnissen nach englischem und nordamerikanischem Recht.** Oktav. VIII, 75 Seiten. 1930. RM. 4.—

Heft 4:
Kuttner, Stephan, **Die juristische Natur der falschen Beweisaussage.** Ein Beitrag zur Geschichte und Systematik der Eidesdelikte, zugleich zur Frage einer Beschränkung der Strafbarkeit auf erhebliche falsche Aussagen. Oktav. VI, 76 Seiten. 1931 . RM. 6.—

Vierte Folge II. Band.

Heft 1:
Gallas, Wilhelm, **Kriminalpolitik und Strafrechtssystematik** unter besonderer Berücksichtigung des sowjetrussischen Rechts. Oktav. VIII, 88 Seiten. 1931 . . . . RM. 5.—

Heindl, Robert, **System und Praxis der Daktyloskopie** und der sonstigen technischen Methoden der Kriminalpolizei. Dritte, neubearbeitete und vermehrte Auflage. 900 Abbildungen im Text und 21 Bildertafeln. 780 Seiten. Groß-Oktav. 1927 . . . . RM. 36.—, geb. RM. 40.—

„Ein Werk, mit dem wohl für geraume Zeit die Literatur dieses Gebiets ihren krönenden Abschluß gefunden haben dürfte. — Es darf erwartet werden, daß jeder Richter, Rechtsanwalt und Verteidiger sich dieses vorzüglichen Werkes bedient." Deutsche Juristenzeitung.

Kleine kriminalistische Bücherei.

Band 1:
Schneickert, Hans, **Die strafrechtlichen Aufgaben der Polizei.** Für den Polizeiunterricht und die Polizeipraxis. Taschenformat. 182 Seiten. 1921. RM. 2.—

Band 2:
Philipp, Lothar, **Beobachtungs- und Ermittlungspraxis im Polizei- und Detektivdienst.** Taschenformat. 180 Seiten. 1923 . . . RM. 2.—

Band 3:
Manteuffel, H. v., **Falschspieler.** Formen und Technik des Spiel-

betruges, nebst einem Anhange: Der Spielprofessor und sein angeblich sicheres System beim Spiele gegen eine öffentliche Roulettebank. Taschenformat 90 Seiten. 1923 . . . . RM. 2.—

Band 4:

Schneickert, Hans, Kriminalistische Spurensicherung. Sammlung dienstlicher Anweisungen und sachverständiger Ratschläge für den Dienstgebrauch und für Polizeischulen. Zweite, vermehrte und verbesserte Auflage. Taschenformat. 96 Seiten. Mit 2 Abbildungen. 1925. Geb. RM. 3.—

Band 5:

Rehfeld, P., Gerichtsärztliche Tatbestandsfeststellungen im Dienste der Polizei. Ein Leitfaden für Polizei- und Kriminalbeamte. Taschenformat. 133 Seiten. 1927 . . . . Geb. RM. 3.50

Strafprozeßordnung

Kohlrausch, Eduard, **Strafprozeßordnung** und Gerichtsverfassungsgesetz. Textausgabe mit Einleitung, Anmerkungen und Nebengesetzen. In Verbindung mit Dr. Hermann Mannheim, Landgerichtsrat und Professor in Berlin, bearbeitet von Dr. Eduard Kohlrausch, Professor der Rechte in Berlin. Zweiundzwanzigste Auflage (101. bis 104. Tausend). Taschenformat. XI, 510 Seiten. 1930. (Guttentagsche Sammlung Deutscher Reichsgesetze Bd. 12.) RM. 7.50

„Das Buch ist nicht nur für den Praktiker, der sich rasch unterrichten will, sondern auch für den Studierenden, zumal wenn ihm die wirtschaftlichen Verhältnisse die Anschaffung umfangreicher Kommentare nicht ermöglichen, von größtem Wert."
Oberreichsanwalt Dr. Ebermayer in der „Juristischen Wochenschrift".

Feisenberger, Albert, **Strafprozeßordnung und Gerichtsverfassungsgesetz.** Handkommentar. Groß-Oktav. IX, 517 Seiten. 1926. Mit Nachtrag. 1927. (de Gruytersche Sammlung Deutscher Gesetze. Handkommentare.) . . . . Geb. RM. 17.—

„Eine glänzende Arbeit, die bald in der Hand jedes Strafrichters und Rechtsanwalts sein wird. Geradezu vorbildlich ist der Handkommentar für den Umfang der Heranziehung der Rechtsprechung. Alles Wesentliche ist berücksichtigt." Danziger Juristische Monatsschrift.

Beling, E., **Deutsches Reichsstrafprozeßrecht** mit Einschluß des Strafgerichtsverfassungsrechts. Oktav. XIV, 568 Seiten. 1928. (Lehrbücher und Grundrisse der Rechtswissenschaft Bd. XVII.) RM. 15, geb. RM. 16.50

Die Eigenart des vorliegenden Lehrbuches des Reichsstrafprozeßrechts ist, daß es dem Verständnis der Gesetzestexte vorarbeiten und zu ihnen hinführen will. Gerade das, was nicht im Gesetz steht, ist die Hauptsache; die Gesetzesparagraphen sind Ziel, nicht Ausgangspunkt. Insbesondere aber stellt der Verfasser die Regelungsinhalte des geltenden Rechts in die heutige rechtspolitische Gedankenwelt hinein und gibt ein auch äußerlich scharf hervortretendes System, das den Lernenden befähigt, die Fülle der Einzelheiten unter allgemeinen Ordnungsgesichtspunkten zusammenzusetzen.

Rosenfeld, E. H., **Deutsches Strafprozeßrecht.** 2 Bände. 128 und 148 Seiten. 1926. (Sammlung Göschen Bd. 938/939.) Geb. je RM. 1.80

„Eine wissenschaftlich hochstehende, auf einem knappen Raum zusammengedrängte, klar und originell geschriebene Einführung in den deutschen Strafprozeß." Schweizer. Zeitschrift für Strafrecht.

Löwe, F., und **Rosenberg,** Werner, **Die Strafprozeßordnung für das Deutsche Reich** vom 22. März 1924 nebst dem Gerichtsverfassungsgesetz. Kommentar. Achtzehnte, neubearbeitete Auflage. Lexikon-Oktav. 1332 Seiten. 1929 . . . . RM. 44.—, in Halbleder geb. RM. 50.—

„Der Kommentar steht nach wie vor an erster Stelle und ist ein Meisterwerk in der Kunst einer klaren, übersichtlichen und erschöpfenden Darstellung dieses außerordentlich spröden Stoffes."
Zeitschrift des deutschen Notarvereins.

Feisenberger, Albert, **Strafprozeßordnung und Gerichtsverfassungsgesetz**, in alter und neuer Fassung synoptisch gegenübergestellt. Mit ausführlichem Sachregister. Taschenformat. 265 Seiten. 1924. Mit Nachtrag. 1927. (Guttentagsche Sammlung Deutscher Reichsgesetze Bd. 158.) . . . . Geb. RM. 4.50

„Die Ausgabe ist für die Praxis auf längere Zeit unentbehrlich. Die synoptische Darstellung erleichtert die Arbeit und schützt vor Gedächtnisfehlern." *Juristische Wochenschrift.*

Aschrott, P. F., **Die Reform des Strafprozesses.** Kritische Besprechungen der von der Kommission für die Reform des Strafprozesses gemachten Vorschläge. Auf Veranlassung der Internationalen Kriminalistischen Vereinigung, Gruppe Deutsches Reich. Groß-Oktav. XII, 120 und 784 Seiten. 1906 . . . . RM. 12.—

Beiträge zur Reform des Strafprozesses. Herausgegeben von Dr. Franz **Adickes**, Dr. P. F. **Aschrott**, Dr. K. **von Lilienthal**, Dr. Fr. **von Liszt**. 2 Bände. Groß-Oktav. I. Bd. Heft 1—6. 1908. RM. 9.70. — II. Bd. Heft 1—5. 1909. RM. 15.10.

Boehringer, Margrit, Die Eidesreform im Strafprozeß und Strafrecht. Oktav. 203 Seiten. 1931 . . . . RM. 10.—

In der vorliegenden Arbeit wird versucht, einen möglichst vollständigen Überblick über die Grundfragen und die komplizierten Einzelfragen der Reform des Strafprozesses im Beeidigungsverfahren und dem damit unmittelbar zusammenhängenden Teil der Eidesreform im Strafrecht zu geben.

Hierbei wurde ein wesentlicher Bestandteil der Aufgabe in der Systematisierung dieser meist so unübersichtlich und durcheinanderlaufend behandelten Probleme gesehen und weiter versucht, durch möglichst vollständige Literaturangabe und Behandlung ein sachliches Urteil zu ermöglichen.

Frede, L., u. **Grünhut**, M., **Reform des Strafvollzugs.** Kritische Beiträge zu dem Amtlichen Entwurf eines Strafvollzugsgesetzes. Oktav. VII, 264 Seiten. 1927 . . . . RM. 10.—

Die in dem vorliegenden Buch zusammengefaßten Beiträge üben nicht nur eine Einzelkritik an den Bestimmungen des Entwurfs, sondern dienen zugleich unter dem Gesichtspunkt der gegenwärtigen gesetzgeberischen Aufgabe der wissenschaftlichen Grundlegung des ganzen Strafvollzugsproblems.

VI. Öffentliches Recht.

1. Staats- und Völkerrecht.

Fischbach, O. G., **Allgemeine Staatslehre.** Zweite Auflage. 136 Seiten. 1928. (Sammlung Göschen Bd. 358.) . . . . . Geb. RM. 1.80

„Das Buch darf einer breiten Öffentlichkeit als ausgezeichnete Einführung, den Fachgenossen aber, jung und alt, als Musterbeispiel wissenschaftlichen Bemühens um die denkbar beste Leistung anempfohlen werden, wie man ihm heute nicht allzu häufig mehr begegnet."
Reichsverwaltungsblatt.

Fischbach, O. G., **Allgemeines Staatsrecht.**
I. Teil. 139 Seiten. 1923. (Sammlung Göschen, Bd. 415.) Geb. RM. 1.80
II. Teil. 151 Seiten. 1923. (Sammlung Göschen Bd. 416.) Geb. RM. 1.80

Diese Bearbeitung bringt nicht bloß einen leicht faßlichen gemeinverständlichen Überblick über alle Zweige des Staatsrechtes, sondern auch in den einzelnen Partien viele gründliche wissenschaftliche Erörterungen der einschlagenden Probleme und kritischen Beleuchtung der verschiedenen Rechtsansichten.

Bühler, O., Staatsrecht des Reichs und Preußens. Taschenformat. 608 Seiten. 1931. (Lehrausgaben Deutscher Gesetze Bd. IIIa.)
Geb. RM. 9.—

Stier-Somlo, Fritz, Deutsches Reichs- und Landesstaatsrecht I. Oktav. XVI, 726 Seiten. 1924. (Lehrbücher und Grundrisse der Rechtswissenschaft Bd. XVIII.) . . . . RM. 16.50, geb. RM. 18.—

„. . . Von den zurzeit vorhandenen größeren Lehrbüchern des Reichsstaatsrechts das geeignetste.“ Juristische Wochenschrift.

Stier-Somlo, Fritz, Reichsstaatsrecht. I. Grundbegriffe des Staatsrechts. Verfassungsgeschichte vom Ende des 18. Jahrhunderts bis zur Reichsverfassung vom 11. August 1919. 108 Seiten. 1927. (Sammlung Göschen Bd. 967.) . . . . Geb. RM. 1.80

II. Das geltende Reichsstaatsrecht. 114 Seiten. 1927. (Sammlung Göschen Bd. 968.) . . . . Geb. RM. 1.80

Stier-Somlo, Fritz, Preußisches Staatsrecht. Zweite Auflage. 136 Seiten. 1927. (Sammlung Göschen Bd. 298.) . . . . Geb. RM. 1.80

Die Verfassung des Deutschen Reichs vom 11. August 1919 mit den wichtigsten Nebengesetzen. Textausgabe mit Einleitung und Sachregister. Dritte Auflage. Taschenformat. 104 Seiten. 1931. (Guttentagsche Sammlung von Textausgaben ohne Anmerkungen mit Sachregister.) . . . . RM. 1.—

Die handliche Ausgabe enthält den genauen Gesetzestext mit einem das Zurechtfinden sehr erleichternden Sachregister. Sie entspricht dem letzten Stand.

Arndt, Adolf, Die Verfassung des Deutschen Reiches. Dritte Auflage. Taschenformat. 1927. (Guttentagsche Sammlung Deutscher Reichsgesetze Bd. 137.) . . . . RM. 8.—

„Für alle, die sich auf dem schwierigen Gebiet der Reichverfassung orientieren wollen, liegt hier ein vorzügliches Nachschlagewerk von gediegener Wissenschaftlichkeit vor.“ Staats- und Selbstverwaltung.

Stier-Somlo, Fritz, Kommentar zur Verfassung des Freistaates Preußen. Groß-Oktav. 319 Seiten. 1921 . . . . Geb. RM. 3.—

„Die Darstellung ist flüssig und knapp und ist als treffliche Orientierung über das neue Verfassungswerk, eine Orientierung, die ihre notwendige Ergänzung in dem vorzüglichen Kommentar Stier-Somlos findet, sehr zu empfehlen.“ Zeitschrift für öffentliches Recht.

Arndt, Adolf, Die Verfassung des Freistaats Preußen vom 30. November 1920. Mit Einleitung, vollständigem Kommentar, Landeswahlgesetz und Sachregister. Taschenformat. 158 Seiten. 1921. (Guttentagsche Sammlung Preußischer Gesetze Bd. 1.)
Geb. RM. 2.—

„. . . Der Kommentar wird denjenigen, die sich mit den einzelnen Bestimmungen der Verfassung vertraut machen wollen, ein willkommener Ratgeber sein.“ Zeitschrift für Polizei- und Verwaltungsbeamte.

Veröffentlichungen der Vereinigung deutscher Staatsrechtslehrer.
Heft 1: Der deutsche Föderalismus. Oktav. 1924 . . . RM. 5.—
Heft 2: Der Schutz des öffentlichen Rechts. Oktav. 1925. RM. 12.—

Heft 3: Die Gleichheit vor dem Gesetz. Der Einfluß des Steuerrechts auf die Begriffsbildung des öffentlichen Rechts. Oktav. 1927. RM. 7.—
Heft 4: Das Recht der freien Meinungsäußerung. — Der Begriff des Gesetzes in der Reichsverfassung. Oktav. 1928 . . . . . RM. 10.—
Heft 5: Wesen und Entwicklung der Staatsgerichtsbarkeit. — Überprüfung von Verwaltungsakten durch die ordentlichen Gerichte. Oktav. 1929 . . . . RM. 12.—
Heft 6: Bundesstaatliche und gliedstaatliche Rechtsordnung. Verwaltungsrecht der öffentlichen Anstalt. Berichte von Fritz Fleiner, Josef Lukas, Lutz Richter und Arnold Köttgen. Verhandlungen der Tagung der deutschen Staatsrechtslehrer zu Frankfurt a. M. am 25. und 26. April 1929. Mit einem Auszug aus der Aussprache. Oktav. IV, 166 Seiten. 1929 . . . . RM. 9.—

Sehling, Emil, Kirchenrecht. Zweite Auflage.
I. Teil. Einleitung. Quellen, Verfassung und Verwaltung der katholischen Kirche. Anhang: Die griechisch-orthodoxe Kirche. 119 Seiten. 1922. (Sammlung Göschen Bd. 377.) . . . . Geb. RM. 1.80
II. Teil: Das evangelische Kirchenrecht. Die Stellung des Staates zur Kirche und das Verhältnis der Religionsgesellschaften zueinander. 87 Seiten. 1927. (Sammlung Göschen Bd. 954.) . . . Geb. RM. 1.80

Edler v. Hoffmann, H., Deutsches Kolonialrecht. 150 Seiten. 1907. (Sammlung Göschen Bd. 318.) . . . . Geb. RM. 1.80

Delius, H., Die Beamtenhaftpflichtgesetze des Reiches und der Länder. Vierte, vermehrte und vollkommen neubearbeitete Auflage. Taschenformat. 384 Seiten. 1929. (Guttentagsche Sammlung Deutscher Reichsgesetze Bd. 94.) . . . . Geb. RM. 10.—

Wörterbuch des Völkerrechts und der Diplomatie. Begonnen von Professor Dr. Julius **Hatschek** †. Fortgesetzt und herausgegeben von Dr. Karl **Strupp**, Professor an der Universität Frankfurt a. M., Associé de l'institut de droit international, membre de l'Academie Diplomatique Internationale. Lexikon-Oktav.
Band I: Aachen—Lynchfall. VI, 860 Seiten. 1924.
RM. 35.—, in Halbleder geb. RM. 40.—
Band II: Maas—Utschiali. 779 Seiten. 1925.
RM. 35.—, in Halbleder geb. RM. 40.—
Band III (Schluß): Vasallenstaaten—Zwangsverschickung. Ferner Anhang: Abessinien—Weltgerichtshof; Sachverzeichnis und Mitarbeiterregister. II, 1316 Seiten. 1929.
RM. 62.—, in Halbleder geb. RM. 67.—

„Der Vorsprung, den entsprechende Werke in französischem Sprachgewande bisher hatten, ist nunmehr in Deutschland eingeholt. Die Form der alphabetischen Zergliederung des Stoffes ermöglicht eine breitere Behandlung der Einzelfälle, die im internationalen Rechtsleben nicht selten von größerer Bedeutung als vorzeitig aufgestellte Abstraktionen sind.“ Zeitschrift für Völkerrecht.

Anzilotti, D., Lehrbuch des Völkerrechts. Übersetzt und herausgegeben vom Institut für ausländisches öffentliches Recht und Völkerrecht, Berlin. I. Band. Groß-Oktav. 444 Seiten. 1929. RM. 19.—, geb. RM. 20.—

Das Buch ist nicht schlechthin eine Übersetzung der italienischen Originalausgabe, sondern berücksichtigt auch die gesamte Rechtsprechung und Literatur der letzten Zeit und stellt somit das zurzeit modernste Lehrbuch des Völkerrechts überhaupt dar.

Niemeyer, Theodor, Völkerrecht. 168 Seiten. 1925. (Sammlung Göschen Bd. 865.) . . . . Geb. RM. 1.80

Dieses Bändchen gibt in gedrängter Form eine vollständige Übersicht über das Völkerrecht.

Beiträge zum ausländischen öffentlichen Recht und Völkerrecht. Herausgegeben im Auftrage des Instituts für ausländisches öffentliches Recht und Völkerrecht in Berlin in Gemeinschaft mit Friedrich Glum, Ludwig Kaas, Rudolf Smend, Heinrich Triepel von Viktor Bruns. Groß-Oktav.

Eine Sammlung einschlägiger wissenschaftlicher Abhandlungen, Materialsammlungen, Übersetzungen besonders wertvoller ausländischer Werke u. a.

Heft 1:
Triepel, H., **Staatsrecht und Politik.** Rede beim Antritt des Rektorats der Friedrich-Wilhelms-Universität zu Berlin am 15. Oktober 1926. 40 Seiten. 1927 . . . . RM. 2.—

Heft 2:
Schmitt, Carl, **Volksentscheid und Volksbegehren.** Ein Beitrag zur Auslegung der Weimarer Verfassung und zur Lehre von der unmittelbaren Demokratie. 54 Seiten. 1927 . . . . RM. 2.60

Heft 3:
Heck, K., **Der Aufbau des britischen Reiches.** (Der Verhandlungsbericht der Reichskonferenz von 1926.) 152 Seiten. 1927. RM. 6.—

Heft 4:
Heller, H., **Die Souveränität.** Ein Beitrag zur Theorie des Staats- und Völkerrechts. 177 Seiten. 1927. . . . . RM. 8.50

Heft 5:
Grentrup, Theodor, **Die Missionsfreiheit** nach den Bestimmungen des geltenden Völkerrechts. 112 Seiten. 1928 . . . . RM. 5.50

Heft 6:
Robinson, Jakob, **Das Minoritätenproblem** und seine Literatur. Kritische Einführung in die Quellen und die Literatur der europäischen Nationalitätenfrage der Nachkriegszeit, unter besonderer Berücksichtigung des völkerrechtlichen Minderheitenschutzes.
Allgemeiner Teil. 265 Seiten. 1928 . . . . RM. 9.—

Heft 7:
Bilfinger, Karl, **Der Reichssparkommissar.** 68 Seiten. 1928. RM. 3.60

Heft 8:
Bumiller, J. M., **Die völkerrechtliche Stellung der fremden Truppen im Saargebiet.** 156 Seiten. 1928 . . . . RM. 9.—

Heft 9:
Das Recht des Ausnahmezustands im Auslande (Frankreich, Belgien, Niederlande, Italien, England, Irland). 296 Seiten. 1928. RM. 14.—

Heft 10:
Gerland, B., **Die Beziehungen zwischen dem Parlament und den Gerichten in England.** Eine rechtsvergleichende Studie. 137 Seiten. 1928. RM. 8.—

Heft 11:
Leibholz, Gerhard, **Zu den Problemen des fascistischen Verfassungsrechts.** Akademische Antrittsvorlesung. 112 Seiten. 1928. RM. 5.—

Heft 12:
Glum, Friedrich, **Der deutsche und der französische Reichswirtschaftsrat.** Ein Beitrag zu dem Problem der Repräsentation der Wirtschaft im Staat. 188 Seiten. 1929 . . . . RM. 9.—

Heft 13:
Leibholz, Gerhard, **Das Wesen der Repräsentation** unter besonderer Berücksichtigung des Repräsentativsystems. Ein Beitrag zur allgemeinen Staats- und Verfassungslehre. Groß-Oktav. 214 Seiten. 1929. RM. 14.—

Heft 14:
Schenk, v. Stauffenberg, G., **Das Recht der russischen Handelsvertretungen.** Oktav. 95 Seiten. 1930 . . . . RM. 6.—

Heft 16:
Menzel, Kurt, **Das deutsche Vorkriegs-Vermögen in Rußland und der deutsche Entschädigungsvorbehalt.** Eine Übersicht, zugleich über die Entschädigungsbemühungen der anderen Staaten. Oktav. IV, 236 Seiten. 1931 . . . . RM. 9.—
Heft 17:
Kaufmann, Erich, **Zur Problematik des Volkswillens.** Oktav. 19 Seiten. 1931 . . . . RM. 1.50

Kraus, H., **Internationale Schiedssprechung.** Eine Sammlung der für das Deutsche Reich verbindlichen Verträge und Vertragsbestimmungen, die sich auf internationale Gerichtsbarkeit, Schiedsgerichtsbarkeit, sowie Vergleichsverfahren beziehen, nebst den dazugehörigen deutschen Regierungsdenkschriften. Taschenformat. XXXVI, 348 Seiten. 1929. (Guttentagsche Sammlung Deutscher Reichsgesetze Bd. 174.) . . . . Geb. RM. 10.—

„Die vorliegende Dokumentensammlung füllt eine Lücke aus, da es bisher schwer war, alle schiedsrichterlichen Verpflichtungen des Deutschen Reiches auf einmal einzusehen.“ Friedenswarte.

Strupp, Karl, **Das Werk von Locarno.** Eine völkerrechtlich-politische Studie. Oktav. 180 Seiten. 1926 . . . . RM. 10.—

„Die lückenlose Mitteilung aller für das Verständnis und die Auslegung wichtiger Urkunden macht das aktuelle Buch zu einem außerordentlich wertvollen Mittel der Erkenntnis des Inhalts und der Tragweite dieser grundlegenden Staatsverträge.“ D. A. Z.

Sering, Max, **Deutschland unter dem Dawes-Plan.** Entstehung, Rechtsgrundlagen, wirtschaftliche Wirkungen der Reparationslasten. Oktav. VIII, 237 Seiten. 1928 . . . . RM. 10.—

„Nicht nur dem Juristen und Volkswirtschaftler, sondern auch dem Laien verständlich, gibt das Werk einem jeden wertvollen Einblick in Deutschlands wirtschaftspolitische Abhängigkeit, die sich bis in die kleinsten Betriebe hineinzieht, die jedes einzelne Glied des deutschen Volkes betrifft.“ Prakt. Rundschau.

2. Verwaltungsrecht.

Reichsrecht

Bühler, O., **Verwaltungsgesetze des Reiches und Preußens.** Taschenformat. XI, 682 Seiten. 1930. Mit Nachtrag 1931. Geb. RM. 11.—
(Lehrausgaben Deutscher Gesetze, Bd. III.)

Außer den preußischen Verwaltungsgesetzen bringt der vorliegende Band als erster auch die immer wichtiger werdenden Verwaltungsgesetze des Reichs. Durch Weglassung aller für den Unterricht überflüssigen Gesetze, Weglassung auch unwichtiger Bestimmungen in den oft sehr weitschweifigen Verwaltungsgesetzen (wobei aber der Inhalt weggelassener Bestimmungen jeweils kurz angedeutet ist) ist es ermöglicht worden, auch hier einen Band erstehen zu lassen, der nicht schon durch seinen Umfang abschreckt.

Blume, E., und **Weirauch**, W., **Die Eisenbahn-Verkehrsordnung vom 16. Mai 1928 mit Allgemeinen Ausführungsbestimmungen sowie dem Internationalen Übereinkommen über den Eisenbahnfrachtverkehr vom 30. Mai 1925 und dem Internationalen Übereinkommen über den Eisenbahn-Personen- und Gepäckverkehr vom 12. Juni 1925.** Textausgabe mit Anmerkungen. Vierte Auflage. Taschenformat. X, 482 Seiten. 1928. (Guttentagsche Sammlung Deutscher Reichsgesetze Bd. 91.) Geb. RM. 9.—

„Ein treffliches Hilfsbuch für alle, die sich mit dem Eisenbahnverkehrsrecht theoretisch und praktisch zu beschäftigen haben. Der Kommentar wird besonders auch den Gerichten und den Anwälten

gute Dienste leisten, da die Ausführungsbestimmungen zur Eisenbahnverkehrsordnung, die vollständig abgedruckt werden, sonst nur in den Tarifen veröffentlicht werden, die in den Kreisen der Juristen weniger bekannt sind. Allen, die es angeht, kann daher die Anschaffung der neuen Auflage dringend empfohlen werden."

Juristische Wochenschrift.

Fischbach, O. G., Das Reichsbeamtengesetz vom 31. März 1873 in der Fassung der Bekanntmachung vom 18. Mai 1907 mit allen Abänderungen und Ergänzungen. Taschenformat. 311 Seiten. 1930. (Guttentagsche Sammlung Deutscher Reichsgesetze, Bd. 82.) Geb. RM. 6.—

Die vorliegende Erläuterung des Beamtengesetzes entspricht den neuesten Fortschritten der Wissenschaft und Rechtsprechung. Bemerkenswert ist, daß auch verwandte Gesetze und Verordnungen der einheitlichen Erläuterung unterzogen wurden, so daß dieses Buch für die Praxis ein der Sache wie der Erläuterungsart wichtiges Hilfsmittel darstellt.

Fischer, D., und Staedler, E., Die deutsche Post- und Telegraphengesetzgebung. Teil I: Postrecht (mit Ausschluß des internationalen Rechts). Siebente Auflage. 47*, 586 Seiten. 1929. (Guttentagsche Sammlung Deutscher Reichsgesetze Bd. 7.) . . . . Geb. RM. 15.—

„Die Texte sind mit großer Sorgfalt und mit dem Streben nach einschlägiger Vollständigkeit zusammengestellt. Eine Verbesserung gegenüber den früheren Auflagen bedeutet der der Sammlung neu vorangestellte systematische Abriß des geltenden Postrechts."

Württembergische Industrie.

Teil II: **Telegraphen- und Fernsprechrecht** (mit Ausschluß des internationalen Rechts). Taschenformat. 495 Seiten. 1930. (Guttentagsche Sammlung Deutscher Reichsgesetze Band 7a.) . . RM. 13.—

Wie im ersten Teil, so werden auch hier die Erläuterungen unter die folgenden Gesichtspunkte gestellt: 1. die wechselseitige juristische und tatsächliche Berührung zwischen den sehr zersplitterten Rechtsquellen. 2. die rechtsgeschichtlichen Zusammenhänge, die zur kritischen Beurteilung des Gegenstandes unerläßlich sind. 3. die öffentlich-rechtliche Eigenschaft des gesamten Rechtsstoffes. Rechtsprechung und Literatur sind bis in die letzte Zeit berücksichtigt.

Sebba, Julius, Seewasserstraßenordnung. (Polizeiverordnung zur Regelung des Verkehrs auf den deutschen Seewasserstraßen vom 31. März 1927.) Taschenformat. 493 Seiten. 1928. (Guttentagsche Sammlung Deutscher Reichsgesetze Bd. 171.) . . . . Geb. RM. 8.50

„Es bedarf hierbei wohl nicht der besonderen Hervorhebung, daß die Kommentierungsmethode des rühmlichst bekannten Neu-Herausgebers von Schaps-Seerecht auch in dem vorliegenden Werke eine knappe und doch gründliche geworden ist."

Verkehrsrechtliche Praxis.

Busse, Rudolf, Luftrecht einschließlich Luftverkehrsgesetz und Pariser Luftverkehrsabkommen. Taschenformat. XVIII, 448 Seiten. 1928. (Guttentagsche Sammlung Deutscher Reichsgesetze Bd. 170.) Geb. RM. 10.—

Das vorliegende Buch sucht in einem nationalen und internationalen Teil einen klaren Überblick über das gesamte Luftrecht zu geben; der neueste Stand der Rechtsprechung ist hierbei berücksichtigt. Den erläuterten Gesetzesabkommenstexten ist eine systematische Einführung in das gesamte Luftrecht mit seinen vielseitigen Rechtsdisziplinen vorausgeschickt.

Volkmann, Kurt, Die Straßenverkehrsordnungen nebst den einschlägigen Nebenbestimmungen. Taschenformat. 312 Seiten. 1929. (Guttentagsche Sammlung Deutscher Reichsgesetze Bd. 175.) . . . Geb. RM. 7.—

„Das übersichtliche Werkchen, das uns eine schnelle Information über auftauchende Rechtsfragen auf diesem besonderen Verkehrgebiete verschafft, kann Polizeibeamten, Gerichten, Anwälten, Fuhrwerksbesitzern, Kraftfahrern und Radfahrern zur Anschaffung empfohlen werden."
Verkehrsrechtl. Rundschau.

Holzapfel, W., **Die Siedlungsgesetzgebung** im Reich und in Preußen. 347 Seiten. 1920. (Guttentagsche Sammlung Deutscher Reichsgesetze Bd. 140.) . . . . Geb. RM. 3.—

„Die zur Ausführung jener Gesetze bestimmten Behörden und auch die literarische Forschung wird dem Verfasser für seine mühevolle Arbeit Anerkennung zollen." *Archiv für öffentliches Recht.*

Behrend, Ernst, und **Stranz-Hurwitz**, Helene, **Sammlung von Wohlfahrtsgesetzen** des Deutschen Reichs und Preußens nebst den allgemeinen Wohlfahrtsgesetzen von Sachsen, Thüringen, Hamburg, Mecklenburg-Schwerin und -Strelitz, Oldenburg, Lippe und Lübeck.

Teil I: Taschenformat. 560 Seiten. 1923 . . . . . Geb. RM. 5.—

Teil II: Nebst Ausführungsgesetzen sämtlicher Länder zum Reichsjugendwohlfahrtsgesetz. Taschenformat. XVI, 551 Seiten. 1925. (Guttentagsche Sammlung Deutscher Reichsgesetze Bd. 152 und 152a.)
Geb. RM. 9.—
Teil I und II zus. RM. 12.—

„Die kurzen, alles Wesentliche zusammenfassenden Einleitungen zu den einzelnen Gesetzen sind mit außerordentlicher Sachkunde und Klarheit geschrieben; sie genügen zusammen mit den Literaturangaben völlig für den Praktiker, um die Gesetzestexte richtig handhaben zu können. Das Werk ist für alle in der Wohlfahrtspflege Arbeitenden unentbehrlich und sehr praktisch."
Nachrichtendienst des Deutschen Vereins für öffentliche Fürsorge.

Wegner, Arthur, **Jugendrecht**. Ein Lehrbuch zur Einführung. Oktav. IX, 219 Seiten. 1929 . . . . RM. 6.—, geb. RM. 7.50

Drewes, Paul, und **Sandré**, Emil, **Das Reichsgesetz für Jugendwohlfahrt** vom 9. Juli 1922 und **Jugendgerichtsgesetz** vom 16. Februar 1923 nebst Nebengesetzen. Zweite Auflage. Taschenformat. XVI, 496 Seiten. 1928. (Guttentagsche Sammlung Deutscher Reichsgesetze Bd. 154.)
Geb. RM. 11.—

„Eine sehr handliche Gesetzesausgabe. Sie bietet in ausführlichen geschichtlichen und rechtlichen Vorbemerkungen und Einleitungen wertvolles Material zur Einführung in den Willen und Geist beider Gesetze und gibt in knappen, aber ausreichenden Erläuterungsbemerkungen zu den einzelnen Bestimmungen dem Praktiker die erforderlichen Unterlagen zur richtigen Anwendung. Das Werk dürfte sich in der Praxis beliebt machen." *Blätter für öffentliche Fürsorge*

Sandré, Emil **Verordnung über die Fürsorgepflicht**. Vom 14. Februar 1924. Mit Einschluß der für die Durchführung dieser Verordnung in Frage kommenden reichs- und landesgesetzlichen Bestimmungen. Taschenformat. 342 Seiten. 1925. (Guttentagsche Sammlung Deutscher Reichsgesetze Bd. 160.) . . . . Geb. RM. 6.—

„Die Zusammenstellung der bis in die jüngste Zeit ergangenen gesetzlichen Bestimmungen, die in Beziehung zur Fürsorgepflichtverordnung stehen, gibt der Sandréschen Arbeit ihre besondere Bedeutung. Die Anmerkungen sind zahlreich und zeichnen sich durch einen feinen, klaren Stil aus. Das Buch ist übersichlich geordnet und leicht zu handhaben." *Schleswig-Holsteinsche Wohlfahrtsblätter.*

Szczesny, Viktor, **Das Lichtspielgesetz** vom 12. Mai 1920 mit der Ausführungsverordnung Einleitung, Gebührenordnung und Sachregister. Taschenformat. 106 Seiten. 1920. (Guttentagsche Sammlung Deutscher Reichsgesetze Bd. 147.) . . . . Geb. RM. 1.50

„Das neue Lichtspielgesetz hat hier eine ausführliche Kommentierung gefunden. Das Buch kann bei der gründlichen Behandlung des Stoffes als ein geeignetes Hilfsmittel für die Praxis bezeichnet werden." *Preußische Gemeinde-Zeitung.*

Wündisch, Ernst, **Das Gesetz über Schußwaffen und Munition** vom 12. April 1928 (RGBl. I S. 143) nebst der Ausführungsverordnung der Reichsregierung vom 13. Juli 1928 (RGBl. I S. 198) und dem Preußischen Erlaß zur Durchführung des Gesetzes vom 7. September 1928 (MBliV. S. 925). Taschenformat. 139 Seiten. 1928. (Guttentagsche Sammlung Deutscher Reichsgesetze Bd. 173.) . . . . Geb. RM. 5.—
Ein klares zuverlässiges Erläuterungsbuch für den praktischen Gebrauch.

Fraustädter, W., und **Kreutzberger,** M., **Das deutsche Ausländerrecht.** Die Bestimmungen des Reichsrechts und preußischen Landesrechts. Textausgabe mit Erläuterungen und Sachregister. Taschenformat. 396 Seiten. 1927. (Guttentagsche Sammlung Deutscher Reichsgesetze Bd. 166.) Geb. RM. 9.—
„Eine höchst begrüßenswerte Veranstaltung, aus dem Bedürfnis der Praxis hervorgegangen und mit vollendetem Sachverständnis unternommen. Sowohl die Vollständigkeit der mannigfach verstreuten gesetzlichen Bestimmungen als deren Anordnung, Registrierung und Erläuterung durch Ausführungsbestimmungen, Gerichtsentscheidungen, Verwaltungspraxis ist vortrefflich."
Niemeyers Zeitschrift für internationales Recht.

Voß, Werner, **Die reichs- und landesrechtlichen Bestimmungen auf dem Gebiete des Gesundheitswesens.** Zusammengestellt und mit Anmerkungen versehen. Taschenformat. 608 Seiten. 1929. (Guttentagsche Sammlung Deutscher Reichsgesetze Bd. 172.) . . . . . . Geb. RM. 11.—
„Der Band enthält eine Sammlung der Gesetze, Verordnungen und Bestimmungen auf dem Gebiete des Gesundheitswesens, wie sie in dieser Vollständigkeit sonst nicht besteht. Dadurch erst ist ein zuverlässiger und rascher Überblick über die einschlägigen weit verstreuten Bestimmungen gewährleistet."
Württ. Zeitschr. f. Rechtspflege.

Hippel, W. von, **Reichsviehseuchengesetz** vom 26. Juni 1909 nebst Ausführungsvorschriften und dem preußischen Ausführungsgesetz. Zweite Auflage. Taschenformat. 486 Seiten. 1913. (Guttentagsche Sammlung Deutscher Reichsgesetze Bd. 103.) . . . . Geb. RM. 4.—

Boxberger, L. von, **Vogelschutzgesetz** vom 30. Mai 1908 nebst den das Flugwild betreffenden Bestimmungen der Preußischen Jagdordnung. Taschenformat. 57 Seiten. 1909. (Guttentagsche Sammlung Deutscher Reichsgesetze Bd. 89.) . . . . Geb. RM. 1.—

Landesrecht

Bitter, von, **Handwörterbuch der Preußischen Verwaltung.** Dritte, vollständig umgearbeitete Auflage. Unter Mitwirkung zahlreicher hoher Reichs- und preußischer Staatsbeamten herausgegeben von Dr. Bill Drews, Staatsminister a. D., Präsident des Pr. Oberverwaltungsgerichts, und Dr. Franz Hoffmann, Wirklicher Geheimer Oberregierungsrat, Berlin. Lexikon-Oktav. 1928.
RM. 120.—, in Halbleder geb. RM. 132.—

Erster Band, 1. Halbband: Abbaugerechtigkeiten—Fleisch- und Viehagenten. 552 Seiten.

2. Halbband: Fleischvergiftung—Kyffhäuserbund. Seite 553 bis 1134 und IX Seiten.

Zweiter Band: Lackfabriken—Zwischenkredit. VII, 1220 Seiten.

(Im Verlage der Firmen: Walter de Gruyter & Co., Berlin; Carl Heymanns Verlag, Berlin; Roßberg'sche Verlagsbuchhandlung, Leipzig.)

Das zentrale Werk der Praxis des Verwaltungsrechts.

Reichelt, H., Verwaltungsgesetzbuch für Preußen. Systematische Zusammenstellung der wichtigsten Verwaltungsgesetze und Verordnungen für Praxis und Unterrichtszwecke. Lexikon-Oktav. VII, 1302 Seiten. 1914 . . . . Geb. RM. 7.60

„Das Buch ist sehr wertvoll, dem Praktiker unentbehrlich und leistet demjenigen, der sich auf eine Prüfung vorbereitet, vorzügliche Dienste. Allen Verwaltungsbehörden wird das Buch warm empfohlen."
Preußische Verwaltungs- und Finanz-Zeitung.

Friedrichs, K., Die Gesetzgebung über die allgemeine Landesverwaltung und Zuständigkeit der Verwaltungs- und Verwaltungsgerichtsbehörden. Dritte, durchgesehene Auflage. Taschenformat. XXIII, 295 Seiten. 1927. (Guttentagsche Sammlung Preußischer Gesetze Bd. 42.)
Geb. RM. 5.—

„Der Wert dieser Arbeit liegt darin, daß er eine erschöpfende und klare Übersicht über das tatsächlich geltende Verwaltungsrecht bringt. Das Werk ist ein vorzügliches und nie versagendes Hilfsmittel."
Gesetz und Recht.

Pfafferoth, Carl, Preußische Beamtengesetzgebung. Fünfte Auflage. XIV, 280 Seiten. 1916. (Guttentagsche Sammlung Preußischer Gesetze Bd. 2.) . . . . Geb. RM. 2.40

Dultzig, Eugen von, Das preußische Disziplinargesetz für die nichtrichterlichen Beamten. Taschenformat. XIV, 364 Seiten. 1914. (Guttentagsche Sammlung Preußischer Gesetze Bd. 51.) . . . . Geb. RM. 4.20

„Der Verfasser kennt das Disziplinarrecht aus eigener Tätigkeit und aus langer Erfahrung. Diese hat er zu einem praktischen Nachschlagebuch für alle praktischen Fragen des Disziplinarrechts ausgestaltet. Bei tunlichster Kürze sind doch recht erschöpfende, klare und anschauliche Erläuterungen entstanden, die das Verständnis und die Anwendung des Disziplinarrechts in zweckmäßiger Weise erleichtern. Das Büchlein verdient volle Beachtung."
Zeitschrift für Polizei- und Verwaltungsbeamte.

Hagemann, Rudolf, Hinterlegungsordnung vom 21. April 1913. Taschenformat. 175 Seiten. 1914. (Guttentagsche Sammlung Preußischer Gesetze Bd. 53.) . . . . Geb. RM. 2.20

„Das in der vorteilhaft bekannten Guttentagschen Sammlung erschienene Buch darf als ein Hilfsmittel zu dem nicht immer ganz einfachen Verständnis der neuen Hinterlegungsvorschriften bestens empfohlen werden; es ist klar, übersichtlich und ausführlich."
Zentralblatt für freiwillige Gerichtsbarkeit.

Aschrott, P. F., Gesetz über die Fürsorgeerziehung Minderjähriger. Vom 2. Juli 1900. Nebst Ausführungsanweisungen. Dritte Auflage. Taschenformat. 374 Seiten. 1917. (Guttentagsche Sammlung Preußischer Gesetze Bd. 28.) . . . . Geb. RM. 2.80

„Das Buch gewährt nicht nur einen klaren Einblick in die gegenwärtige Gestaltung der Fürsorgeerziehung in Preußen, sondern es gibt auch über die Zweifelsfragen, welche bei der Auslegung des technisch ziemlich unvollkommenen Fürsorgeerziehungsgesetzes in besonders reicher Fülle auftauchen, durchweg eine erschöpfende und zutreffende Auskunft." *Das Recht.*

Marcks, A., Gesetz, betr. die Unterhaltung der öffentlichen Volksschulen. Taschenformat. 194 Seiten. 1906. (Guttentagsche Sammlung Preußischer Gesetze Bd. 39.) . . . . Geb. RM. 1.80

„Das handliche Büchlein wird, von sachkundiger Seite herrührend und praktisch angelegt, Verwaltungsbeamten, Schulvorständen, Lehrern beim Gebrauch gute Dienste leisten."
Schulblatt der Provinz Brandenburg.

Ledermann, W., und Brühl, L., Die Städteordnung für die sechs östlichen Provinzen Preußens. Zweite Auflage. Taschenformat. 593 Seiten. 1913. (Guttentagsche Sammlung Preußischer Gesetze Bd. 32.) Geb. RM. 6.—

„Der Kommentar, eine hervorragende Arbeit, ist von der Kritik und der Praxis so einmütig günstig aufgenommen worden, daß er auch in seiner zweiten durch Gesetzgebung, Literatur und Rechtsprechung der letzten zehn Jahre bereicherten Ausgabe keiner weiteren Empfehlung bedarf." *Kommunale Praxis.*

Wölbling, P., Bildung der neuen Stadtgemeinde Berlin. Zweite Auflage Taschenformat. 114 Seiten. 1920. (Guttentagsche Sammlung Preußischer Gesetze Bd. 59.) . . . . Geb. RM. 1.40

„Die Ebenmäßigkeit mit den Kommentaren anderer Gesetze der Guttentagschen Sammlung erringt der Verfasser durch seine strenge Sachlichkeit. Damit muß seinem Werk die Beachtung bei der Durchführung des Gesetzes und bleibender Wert gesichert erscheinen."
Soziale Praxis.

Caro, H., Gesetz, betr. Austritt aus der Landeskirche, vom 14. Mai 1873. Taschenformat. 190 Seiten. 1911. (Guttentagsche Sammlung Preußischer Gesetze Bd. 46.) . . . . Geb. RM. 2.40

„Ein sehr praktisches Buch, das in den Anmerkungen zum Wortlaut des Gesetzes eine reiche Fülle von Material bietet für alle möglichen Fragen, die mit Aus- und Übertritt zusammenhängen. Das genau gearbeitete Inhaltsverzeichnis ermöglicht bei gelegentlicher Benutzung ein leichtes Auffinden des Nötigen."
Deutsch-Protestantische Bücherschau.

Meyer, O., Gesetz, betr. die Anlegung und Veränderung von Straßen und Plätzen in Städten und ländlichen Ortschaften. Taschenformat. 211 Seiten. 1913. (Guttentagsche Sammlung Preußischer Gesetze Bd. 50.) RM. 3.—

Strauß-Torney, Hugo von und **Saß,** Carl, früher **Friedrichs,** R., **Gesetz, betr. Anlegung und Veränderung von Straßen und Plätzen** in Städten und ländlichen Ortschaften. (Straßen- und Baufluchtengesetz.) Kommentar. Sechste Auflage. Groß-Oktav. 211 Seiten. 1920. RM. 8.—, geb. RM. 9.50

„Das Werk zeigt eine Reichhaltigkeit und Vollständigkeit, die sonst wenigen Kommentaren eigen ist, und übertrifft hierin noch weit die früheren Auflagen. Besonders erwähnenswert ist die geschickte Anordnung der Erläuterungen und das praktische Inhaltsverzeichnis."
Wochenschrift des Architektenvereins zu Berlin.

Heine, H. Die preußischen Baupolizeigesetze nebst den sonstigen einschlägigen Reichs- und Landesgesetzen. Taschenformat. 404 Seiten. 1928. (Guttentagsche Sammlung Preußischer Gesetze Bd. 64.) Geb. RM. 8.—

Diesem Band ist die Aufgabe gestellt, die in erster Linie in Betracht kommenden Gesetze und sonstigen Vorschriften und die im Zusammenhang hiermit entstehenden Rechtsfragen in übersichtlicher Weise zusammenzufassen und zu erörtern. Die Rechtsprechung des Oberverwaltungsgerichts und anderer Gerichte ist hierbei berücksichtigt worden.

Goldschmidt, O., Gesetze gegen die Verunstaltung landschaftlich hervorragender Gegenden mit Ausführungsanweisungen. Taschenformat. 152 Seiten. 1912. (Guttentagsche Sammlung Preußischer Gesetze Bd. 49.) Geb. RM. 2.40

„Der Kommentar bietet eine sachgemäße, sorgfältige und erschöpfende Erläuterung der einzelnen gesetzlichen Bestimmungen. Er wird als ein durch Vollständigkeit und Zuverlässigkeit ausgezeichnetes Hilfsmittel jedem Freunde des Heimatschutzes ein willkommener Ratgeber sein." Jahrbuch des Verwaltungsrechts.

Wulff, G., und Herold, F., Wassergesetz vom 7. April 1913. Mit Einleitung, Erläuterungen und Sachregister. Zweite, umgearbeite Auflage von G. Wulff. Taschenformat. XVI, 665 Seiten. 1928. (Guttentagsche Sammlung Preußischer Gesetze Bd. 52.) . . Geb. RM. 12.—

„Gründlichkeit und trefflichere Kürze bilden einen besonderen Vorzug des Werkes." Ministerialblatt f. d. preuß. innere Verwaltung.

Holtgreven, A., und Wolff, Th., Das Wildschadengesetz vom 11. Juli 1891. Kommentar. Vierte, vermehrte und verbesserte Auflage. Oktav. VIII, 216 Seiten. 1902 . . . . RM. 4.—

„Dieses Werkchen will einerseits die juristisch zweifelhaften Punkte des Wildschadengesetzes wissenschaftlich erörtern und klarstellen und andererseits allen denjenigen, welche bei der Handhabung dieses Gesetzes in irgendeiner Weise, sei es als Private, Beamte, Grundbesitzer oder als Jagdberechtigte, beteiligt sind, ein praktischer Berater sein." Allgemeine Forst- und Jagdzeitung.

Born, A., Das preußische Fischereigesetz vom 11. Mai 1916 in der geltenden Fassung. Taschenformat. 428 Seiten. 1928. (Guttentagsche Sammlung Preußischer Gesetze Nr. 62.) . . . . Geb. RM. 7.50

Die Ausgabe bietet eine übersichtliche, zusammenfassende Darstellung des Fischereigesetzes, in der die Rechtsprechung eingehend verwertet ist. Außer dem Fischereigesetz, das eine ausführliche Erläuterung gefunden hat, sind die wichtigen Ausführungsverordnungen und im Anhang die einschlägigen Bestimmungen anderer für die Anwendung des Fischereigesetzes in Frage kommenden Gesetze berücksichtigt.

Born, A., Die preußischen Jagdgesetze in ihrer geltenden Fassung. Mit Erläuterungen versehen. Taschenformat. 433 Seiten. 1928. (Guttentagsche Sammlung Preußischer Gesetze Nr. 63.) . . . Geb. RM. 8.—

„Das Buch kann zur Belehrung und Handgebrauch den Gerichten, Landratsämtern, Gemeinden und Forstbehörden sowie allen jagdlich interessierten Personen warm empfohlen werden." Leipziger Ztsch. f. dtsch. Recht.

Kunze, F., Das Jagdscheingesetz. Zweite Auflage. Taschenformat. 157 Seiten. 1899. (Guttentagsche Sammlung Preußischer Gesetze Bd. 19.) . . . . Geb. RM. 2.—

„Die eingehenden Anmerkungen und die im Titel hervorgehobenen Beigaben machen den kleinen Kommentar zu einem vortrefflichen, in der Praxis schwer entbehrlichen Hilfsmittel zur Auslegung des Gesetzes." Zeitschrift für die gesamte Strafrechtswissenschaft.

Holzapfel, W., Umlegungsordnung. Taschenformat. 144 Seiten. 1921. (Guttentagsche Sammlung Preußischer Gesetze Bd. 60.) . . RM. 1.80

„Holzapfel, der hervorragende Kenner der Auseinandersetzungsgesetze, erläutert die Vorschriften der Umlegungsordnung in seiner scharfsinnigen Art in durchaus erschöpfender Weise und gibt in diesen Erläuterungen ein außerordentlich anschauliches Bild von der Umlegung der Grundstücke. Das Buch ist auch für Laien leicht und gut verständlich und kann jedem, der für die Umlegung Interesse hat, zur Benutzung angelegentlich empfohlen werden." Preußisches Verwaltungsblatt.

Holzapfel W., Gesetz über Landeskulturbehörden. Taschenformat. 176 Seiten. 1919. (Guttentagsche Sammlung Preußischer Gesetze Bd. 57.) Geb. RM. 2.—

„Der Titel gibt den Inhalt des Werkchens vollständig an, hinzuzufügen ist aber, daß die Erläuterung, die umfangreich und eingehend ist und der praktischen Handhabung des Gesetzes Schritt für Schritt folgt, aus der Feder eines Mannes herrührt, der durch seine sachliche Qualifikation als gründlicher Kenner der Materie für eine zuverlässige Führung die größte Gewähr bietet. Dankenswert ist die Gründlichkeit der im bescheidenen Rahmen geleisteten Arbeit." *Verwaltungs-Archiv.*

Kollenscher, M., Rechtsverhältnisse der Juden in Preußen. Taschenformat. VIII, 199 Seiten. 1910. (Guttentagsche Sammlung Preußischer Gesetze Bd. 45.) . . . . RM. 2,40

„Eine zusammenfassende, erschöpfende Darstellung der in den verschiedensten Quellen zerstreuten zahlreichen Judengesetze und Verordnungen. Jede Synagogengemeinde und jeder, der sich mit jüdischen Angelegenheiten beschäftigt, müßte dieses Buch besitzen." *Jüdische Rundschau.*

3. Steuerrecht

Nieberl, A., Reichsabgabenordnung vom 13. Dezember 1919 nebst Einführungsverordnung vom 18. Dezember 1919 und Übergangsverordnung vom 11. Oktober 1921. Textausgabe mit Anmerkungen und ausführlichem Sachregister. Zweite, neubearbeitete Auflage. Taschenformat. 1927. (Guttentagsche Sammlung Deutscher Reichsgesetze Bd. 143.) . . . . Mit folgendem Nachtrag geb. RM. 12.—

„Die Darstellung ist leicht verständlich und klar. Das Sachregister ist gründlich bearbeitet. Jedenfalls wird das Buch, das einen mit der praktischen Handhabung der RAbgO. vertrauten Verfasser erkennen läßt, nicht nur den Steuerbeamten, sondern auch dem rechtsuchenden Publikum und seinen Beratern ein willkommener guter Führer auf diesem Gebiet sein." *Juristische Wochenschrift.*

Nieberl, A., Die Änderungen der Reichsabgabenordnung durch die Verordnung vom 1. Dezember 1930. Taschenformat. 127 Seiten. 1931. RM. 2.—

Michaelis, Richard, **Die Dritte Steuernotverordnung** vom 14. Februar 1924. Mit besonders ausführlicher Berücksichtigung der Vorschriften über die Aufwertung und die öffentlichen Anleihen. Taschenformat. VIII, 388 Seiten. 1924. (Guttentagsche Sammlung Deutscher Reichsgesetze Bd. 157.) . . . . Geb. RM. 7.—

„Ganz besonders zu rühmen ist der Kommentar von Michaelis, der dank seiner eingehenden und gründlichen Bearbeitungsweise erheblichen Einfluß auf die Praxis gewonnen hat." *Juristische Wochenschrift.*

Hollaender, Adolf, **Einkommensteuergesetz und Körperschaftsteuergesetz** nebst den zugehörigen Aus- und Durchführungsbestimmungen, Verordnungen und Erlassen. Taschenformat. XXXIX, 697 Seiten. 1926. Mit Nachtrag. 1928. (Guttentagsche Sammlung Deutscher Reichsgesetze Bd. 151.) . . . . Geb. RM. 24.—

„Das auf die Bedürfnisse der Praxis abgestellte und ihnen gerecht werdende Buch wird jedem gute Dienste leisten, der sich handelnd oder leitend auf dem äußerst unsicheren, ohne Hilfsmittel überhaupt nicht begehbaren Boden der heutigen Einkommensteuer zurechtfinden muß." *Juristische Rundschau.*

Pick, Reichsbewertungsgesetz. Textausgabe mit Anmerkungen. In Bearbeitung.

Schachian, Herbert, **Erbschaftsteuergesetz,** Fassung 1931, mit Anmerkungen. Fünfte Auflage. Taschenformat. 1931. Im Druck.

„Eine vollständige Darstellung des Erbschaftssteuerrechts und der zugrunde liegenden bürgerlich-rechtlichen Vorschriften des Erbrechts.

Als wissenschaftliche und praktische Leistung steht der klar und scharf geschriebene Kommentar in vorderster Reihe unter seinen Rivalen; er ist als Wegweiser besonders zu empfehlen."
Juristische Wochenschrift.

Hoffmann, U., Die preußischen Erbschaftsteuergesetze. Taschenformat. 561 Seiten. 1905. (Guttentagsche Sammlung Preußischer Gesetze Bd. 20.) . . . . RM. 3.—

Lindemann, Otto, Umsatzsteuergesetz (neueste Fassung) mit Ausführungsbestimmungen. Vierte, vermehrte und verbesserte Auflage. Taschenformat. 518 Seiten. 1926. (Guttentagsche Sammlung Deutscher Reichsgesetze Bd. 132.) . . . . Geb. RM. 10.—

„Es handelt sich um einen ausführlichen, gediegenen und klar abgefaßten Kommentar, der den weiteren Vorzug besitzt, auf dem laufenden zu sein. Das Werk kann allen Interessenten nur warm empfohlen werden." Industrie- und Handelszeitung.

Lindemann, Otto, Grunderwerbsteuergesetz (neueste Fassung) mit den Ausführungsbestimmungen. Zweite, völlig umgearbeitete Auflage. Taschenformat. 186 Seiten. 1926. Mit Nachtrag 1927. (Guttentagsche Sammlung Deutscher Reichsgesetze Bd. 139.) . . . . Geb. RM. 4.—

„Das Buch wird manchem in den mannigfachen Streitfragen des in der Praxis sehr einschneidenden Gesetzes ein willkommener Ratgeber sein. Die Erläuterungen zeichnen sich durch Klarheit und Gemeinverständlichkeit im besten Sinne aus." Württembergische Industrie.

Hagelberg, E., und Krämer, L., Grunderwerbsteuergesetz vom 12. September 1919 (RGBl. S. 1617) in der Fassung des Gesetzes vom 11. März 1927 (RGBl. I S. 72) nebst Einleitung, Sachregister und Ausführungsbestimmungen und der einschlägigen Vorschriften des Finanzausgleichs-Steuermilderungsgesetzes und Steuerstrafrechts. Für die Praxis erläutert. Zweite, völlig umgearbeitete und erweiterte Auflage. Groß-Oktav. 355 Seiten. 1928 . . . . Geb. RM. 15.—

„Die verhältnismäßige Kürze ihrer Erläuterungen bei großer Vollständigkeit ist zu rühmen. Das Buch ist nicht nur für den Juristen, sondern auch für den gebildeten Laien, namentlich Grundstücksmakler und Hausbesitzer, von großem, praktischem Wert."
Zeitschrift d. Deutsch. Notarvereins.

Hagelberg, E., und Krämer, L., Wertzuwachssteuerrecht. Kommentar. Groß-Oktav. 256 Seiten. 1929 . . . . . RM. 12.—, geb. RM. 13.50

Die Verfasser kommentieren die neue Wertzuwachssteuerordnung für Berlin und die preußische Mustersteuerordnung. Ihr Buch ist ein Leitfaden für die Steuerpflichtigen und ihre Rechtsberater und die mit der Wertzuwachssteuer befaßten Behörden. Es stellt die rechtliche und wirtschaftliche Bedeutung der Bestimmungen klar: Die Rechtsprechung des Preußischen Oberverwaltungsgerichts wurde erschöpfend berücksichtigt. Auch Spezialfragen wie die Aufwertung und das Schwarzkaufwesen wurden behandelt.

Hoepker, Heinrich, Die Industriebelastungsgesetze vom 30. August 1924 nebst den Durchführungsbestimmungen zum Gesetz über die Industriebelastung. Taschenformat. XV, 200 Seiten. 1925. Mit Nachträgen. (Guttentagsche Sammlung Deutscher Reichsgesetze Bd. 159.)
Geb. RM. 4.—

„Die Anmerkungen sind erschöpfend und führen den Leser mit Geschick in die schwierige und neue Materie ein. Rechtsanwälte sowie Kaufleute, für welche die Industriebelastung in Frage kommt, werden das mit einem guten Sachregister ausgestattete Werk mit gleichem Nutzen gebrauchen!" Industrie- und Handels-Zeitung.

ɔn **Lympius**, W., **von Elbe**, K., **Das Kommunalabgabengesetz und das Kreis- und Provinzialabgabengesetz.** Dargestellt in der Rechtsprechung des Oberverwaltungsgerichts. Groß-Oktav. X, 440 Seiten. 1930. RM. 22.50, geb. 24.—

„Man muß es als einen besonders glücklichen Gedanken bezeichnen, wenn die Verfasser die gesamte Rechtsprechung des OVG., ja auch die nichtveröffentlichten Entscheidungen auszugsweise in einer Form wiedergegeben haben, die in hohem Grade die Arbeit der Praxis wie auch der Wissenschaft erleichtert. Wenn dieses Werk in hervorragendem Maße geglückt ist, so ist es wohl in erster Linie darauf zurückzuführen, daß beide Verfasser als Mitglieder des OVG. zu den Berufensten in der Abfassung einer solchen Arbeit gehören." *Reichsverwaltungsblatt.*

ifler, Kurt, **Staatliche Verwaltungsgebühren.** Gesetz über staatliche Verwaltungsgebühren vom 29. September 1923 nebst Gebührenordnungen und Ausführungsbestimmungen. Taschenformat. 192 Seiten. Mit Nachtrag. 1925. (Guttentagsche Sammlung Preußischer Gesetze Bd. 61.) Geb. RM. 6.—

„Das Buch ist für alle preußischen staatlichen und kommunalen Behörden unentbehrlich." *Deutsches Beamtenarchiv.*

ɔeck, P., und **Eiffler**, K., **Preußisches Stempelsteuergesetz** mit den gesamten Ausführungsbestimmungen. Unter besonderer Berücksichtigung der Entscheidungen der Verwaltungsbehörden und der Gerichte herausgegeben. Elfte Auflage. Taschenformat. 1931. (Guttentagsche Sammlung Preußischer Gesetze Bd. 18.) In Bearbeitung.

ꜰbbin, Georg, **Nahrungsmittelgesetze** mit Erläuterungen. Zweite, stark vermehrte Auflage in zwei Bänden.
Zweiter Band: **Getränkegesetze und Getränkesteuergesetze** (Wein, Bier, Branntwein, Mineralwasser). Unter Mitarbeit von Rechtsanwalt Dr. Kniebe. Taschenformat. XII, 400 Seiten. 1926. (Guttentagsche Sammlung Deutscher Reichsgesetze Bd. 54b.) . . . . . . Geb. RM. 10.—

„Die wichtigsten Gesetze sind eingehend kommentiert und so vollständig ergänzt, daß die Sammlung als unentbehrliches Hilfsmittel, wie es in dieser Art bislang noch fehlte, für den Sachbearbeiter bei Behörden und Verbänden sowohl als auch für den Kaufmann der Branche zu begrüßen ist." *Württembergische Wirtschafts-Zeitschrift.*

'ündisch, Friedrich, **Das Tabaksteuergesetz** vom 12. September 1919 nebst den Ausführungsbestimmungen vom 26. Februar 1920. Taschenformat. 286 Seiten. 1920. Mit Nachtrag 1925. (Guttentagsche Sammlung Deutscher Reichsgesetze Bd. 146.) . . . . Geb. RM. 4.—

„Endlich ein Kommentar zum Tabaksteuergesetz! Die Ausgabe kommt den Wünschen der Praxis nach einer erschöpfenden Darstellung des neuen Gesetzes in umfassender Weise entgegen. Das Buch bildet eine ausgezeichnete Informationsquelle für alle Fragen, die in der Praxis vorkommen." *Deutsche Tabak-Zeitung.*

VII. Entscheidungs-Sammlungen und Zeitschriften.

ntscheidungen des Reichsarbeitsgerichts. Herausgegeben von den Mitgliedern des Reichsarbeitsgerichts. Oktav.

Band I. 1928. Band II. 1928/29. Band III. 1929. Band IV. 1929/30. Band V u. VI 1930, Band VII 1931 . . Je RM. 6.50, geb. RM. 8.—

ntscheidungen des Reichsgerichts. Herausgegeben von den Mitgliedern des Gerichtshofes u. d. Reichsanwaltschaft. Oktav. (2 Sammlungen.)
1. **Entscheidungen in Zivilsachen.** (Werden in Heften im Umfange

von etwa 5 bis 6 Bogen sowie in vollständigen Bänden, geheftet und gebunden, ausgegeben. Jährlich 4 Bände.) 1.—132. Band.
Je RM. 6.50, geb. RM. 8.—

2. Entscheidungen in Strafsachen. (Werden in Heften im Umfange von 5 bis 6 Bogen sowie in vollständigen Bänden, geheftet und gebunden, ausgegeben. Jährlich 1 Band.) 1.—65. Band. Je RM. 6.50, geb. RM. 8.—

Generalregister zum 111.—120. Bande der von den Mitgliedern des Gerichtshofes und der Reichsanwaltschaft herausgegebenen **Entscheidungen des Reichsgerichts in Zivilsachen.** Bearbeitet von **Hans Triebel.** Oktav. XXIII, 509 Seiten. 1929. . RM. 15.—, in Halbleder RM. 18.—
— Zum 121.—130. Band. Oktav. XXIV, 755 Seiten. 1931.
Geb. RM. 22.—

Durch die umfassenden Register über je 10 Bände der amtlichen Sammlung von Reichsgerichtsentscheidungen wird das in dieser enthaltene umfängliche reiche Material der praktischen Benutzung erst voll erschlossen. Die Register verarbeiten das Material in 1. einem systematischen Register (mit einer dazugehörigen alphabetischen Übersicht), 2. einem alphabetischen Register, 3. einem Quellenregister, 4. einer chronologischen Übersicht, 5. einer Zusammenstellung der Entscheidungen nach Oberlandesgerichtsbezirken. Damit ist der höchste Grad von Sicherheit und Schnelligkeit für die Benutzung der Entscheidungssammlung erreicht.

Schiedsgericht für Oberschlesien. Trybunal Rozjemczy dla Górnego Slaska. Amtliche Sammlung von Entscheidungen des Schiedsgerichts für Oberschlesien, veröffentlicht gemäß der Bestimmung des Art. 592 des Genfer Abkommens vom 15. Mai 1922. Zbiór urzedowy orzeczeń Trybunalu Rozjemczego dla Górnego Śląska ogloszony wedle postanowienia art. 592 Konwencji Genewskiej z dnia 15 maja 1922r. Oktav. Band I. Tom. I. Nr. 1/4. 129 Seiten. 1929.
Pro Band RM. 12.—

Diese amtliche Sammlung veröffentlicht Entscheidungen des Schiedsgerichts für Oberschlesien, soweit sie von grundsätzlicher Bedeutung sind, in deutscher und polnischer Sprache. Die veröffentlichten Entscheidungen sind insofern für alle Gerichte und Verwaltungsbehörden von besonderer Bedeutung, als sie für sie bindend sind und jede Abweichung dem Schiedsgericht zur Entscheidung vorzulegen ist.

Zeitschrift für die gesamte Strafrechtswissenschaft. Gegründet von **Fr. von Liszt** und **A. Dochow.** Unter ständiger Mitarbeiterschaft hervorragender Fachmänner herausgegeben von Prof. Dr. K. **von Lilienthal,** Prof. Dr. Ed. **Kohlrausch** und Prof. Dr. W. **Gleispach.** Der Jahrgang besteht aus 8—9 Heften. Quart.
Bd. 1—43. 1881—1922. Je RM. 15.—. Bd. 44. 1922. RM. 25.—. Bd. 45. 1924. RM. 21.—. Bd. 46—49. 1925—1929. Je RM. 30.—. Bd. 50. 1929/30. RM. 36.—.

Juristische Rundschau. Herausgegeben von Otto **Lindemann,** Ministerialdirektor, Geh. Oberjustizrat, Berlin, Dr. Friedrich **Flad,** Senatspräsident beim Reichsgericht, Leipzig, Fritz **Hartung,** Reichsgerichtsrat, Leipzig und

Höchstrichterliche Rechtsprechung. Herausgegeben von Eugen **Friedrichs,** Senatspräsident, Breslau, Dr. Albert **Feisenberger,** Reichsanwalt, Leipzig. — Erscheint am 1. und 15. jeden Monats.
Jahrgang 1931. Vierteljährlich RM. 7.50, Einzelheft RM. 1.50

Beilage „Höchstrichterliche Rechtsprechung" einzeln vierteljährlich 5.—

Zeitschrift für ausländisches öffentliches Recht und Völkerrecht. Im Auftrage des Instituts für ausländisches öffentliches Recht und Völkerrecht herausgegeben von Dr. Viktor **Bruns**, Professor an der Universität Berlin, Leiter des Instituts. Lexikon-Oktav.

Band I, Teil 1: Abhandlungen. XXVIII, 657 Seiten. 1929. RM. 43.—

Band I, Teil 2: Urkunden. XVI, 858 Seiten. 1929 . . . RM. 54.—

Band II, Teil 1/2: Abhandlungen und Urkunden. 368 Seiten. 1930. RM. 45.—

Der neuen Zeitschrift für ausländisches öffentliches Recht und Völkerrecht ist es als Aufgabe gesetzt, die wichtigsten, die Wissenschaft und die Praxis beschäftigenden Probleme des Völkerrechts und des außerstaatlichen öffentlichen Rechts zu behandeln. Sie wird zu all diesen Fragen eingehend Stellung nehmen und über alle wichtigen Ergebnisse der Gesetzgebung und der Rechtsprechung auf diesem Gebiete im In- und Ausland eingehend berichten. Der I. Jahrgang der Zeitschrift wird in zwei Bänden herausgegeben; künftig erfolgt das Erscheinen vierteljährlich.

Zeitschrift für ausländisches und internationales Privatrecht. Herausgegeben in Gemeinschaft mit Ernst **Heymann**, Heinrich **Titze**, Martin **Wolff**, ordentliche Professoren an der Universität Berlin, wissenschaftliche Berater des Instituts, Max **Pagenstecher**, o. Professor an der Universität Hamburg, Franz **Schlegelberger**, Ministerialdirektor im Reichsjustizministerium, Honorarprofessor an der Universität Berlin, von Ernst **Rabel**, o. Professor an der Universität Berlin, Direktor des Instituts. Jährlich 6 Hefte im Umfang von etwa 65 Bogen.
Preis des fünften Jahrganges RM. 54.—

Sonderhefte: **Die deutsche Rechtsprechung auf dem Gebiete des internationalen Privatrechts in den Jahren 1926 und 1927.** 1928. RM. 8.— do. **im Jahre 1928.** 1930. RM. 11.—, do. **im Jahre 1929.** RM. 12.50

Zeitschrift für Bergrecht. Bis zu seinem Tode herausgegeben von dem Wirkl. Geh. Rat, Berghauptmann a. D. Dr. jur. H. Brassert. Redigiert und herausgegeben von den rechtskundigen Ministerialräten der Bergabteilung des Preußischen Ministeriums für Handel und Gewerbe. Jährlich ein Band von mehreren Heften. Die Hefte erscheinen in zwangloser Folge. 1928/29. RM. 20.—, Jahrgang 70. 1929. RM. 20.—, Jahrgang 71. 1930 . . . . RM. 20.—

Zeitschrift für Bergrecht. Register zu Jahrgang 37—40 . . . RM. 14.—

Zeitschrift für das gesamte Luftrecht (ZLR.). Herausgegeben von weiland Dr. jur. Otto **Schreiber.** Erscheint in Bänden zu je vier Heften.

Band I. 1926/28 . . . . RM. 50.—, geb. RM. 55.—

Band II, Heft 1 . . . . RM. 10.—

Bank-Archiv. Zeitschrift für Bank- und Börsenwesen. Unter Mitwirkung von hervorragenden Fachmännern herausgegeben von Geh. Justizrat Prof. Dr. **Rießer**, Berlin. Schriftleitung: Rechtsanwalt Otto **Bernstein**, geschäftsführendes Mitglied des Centralverbandes des Deutschen Bank- und Bankiergewerbes. Quart. Jährlich 24 Nummern. XXX. Jahrgang. 1930/31 . . . . Pro Halbjahr RM. 12.—

Veröffentlichungen des Reichs-Aufsichtsamts für Privatversicherung. Groß-Oktav. 29. Jahrgang. Heft 1—4 . . . . RM. 23.—

Jahrgang 1—28. Preise auf Anfrage.

Kolibri 360 GmbH
Ferdinand-Jühlke-Straße 7
99095 Erfurt, Deutschland
produktsicherheit@kolibri360.de